脳育パズル

NOU IKU

加藤俊徳 脳内科医・小児科専門医

フォレスト出版

保護者の方へ

「言葉の発達が遅い」

「落ち着きがない」

「読み書きが苦手」

「目線が合いにくい」

「お友だちに興味がない」

「人の話を聞くことができない」

「ほかの子となにか違う」

発達障害への認識が高まり、それにともなって、

「うちの子は発達の凸凹がある、もしかして発達障害なのではないか……」

そんな悩みを持っている親御さんが非常に増えました。

近年、発達障害への関心が高まったことによって、「発達が気になる子」の早期発見と、弱みを減らし、強みを伸ばす早期治療が可能になっています。

子どもの成長過程における早い段階で、脳へ適切なアプローチを行うことによって、発達障害リスクを減らす対応が取れるのです。

１万人以上の脳のＭＲＩ画像を診て、見えたものとは？

発達障害は、脳の発達に原因があると考えられています。

私は、脳内科医・小児科専門医として、１万人以上を加藤式脳画像診断法で分析・診断し治療してきました。現在、加藤プラチナクリニックでは、ADHD 専門外来を設け ADHD の診断や治療も行っています。

脳は、場所ごとにその働きが異なります。私はその脳の働きごとに主に８つの系統、すなわち、運動系、感情系、聴覚系、視覚系、記憶系、伝達系、理解系、思考系に分け、それぞれを「脳番地」と名付けました。クリニックでは、それぞれの脳番地に合わせた「脳番地トレーニング」を処方しています。子どもから大人まで、学習やコミュニケーションだけでなく、日常のすべての活動ができているのは、８つの脳番地が相互に影響したり、単独で機能したりするからこそできることと言えます。

そして発達障害や発達凸凹は、この脳番地の発達の遅れや脳番地間の連携不足によって起きることがＭＲＩ脳画像診断でわかっています。実際に、発達が気になる子どもは、 脳番地の発達がどこか遅れている可能性があるのです。ですから、発達が少しでも気になるのなら、この未熟な脳番地を育てる脳番地トレーニングが必要です。

３つの脳番地を育て
“困った”を減らし“得意”を伸ばそう

学習やコミュニケーションは、複数の脳番地を連携させた活動です。たとえば、「授業を聴く」のにも、

① 先生の話を“聴く（聴覚系脳番地）”
② 黒板の文字を“見る（視覚系脳番地）”
③ ノートに“書く（運動系脳番地）”

の３つの脳番地を使っています。

この主要な３つの脳番地のうち、１つでも発達の遅れがあれば、授業を聴くことに困難が生じます。

そもそも発達が気になる子の多くは、複数の脳番地の連携（ネットワーク）不足や未熟性が認められます。

脳番地のどこかに発達の遅れがあったり、脳番地間のネットワークが未熟だったりすることで、うまくできないことが続きます。

すると当然、子どもはその活動をあまりやりたくないと感じるようになるでしょう。

そうやって生まれた苦手意識は、未熟な脳番地が育つ機会を減らし、ますます苦手になってしまうのです。

先程授業を聴く事例で触れた、３つの脳番地の発達が不十分な場合、つまり脳の働きが未熟だと、子どもにどう影響するのかを少しご紹介しましょう。

まず、「聴く力」が未熟だと、授業中に先生の話に集中できず、その内容を理解できなかったり、お友だちとうまくコミュニケーションが取れなかったりするでしょう。

次に、「見る力」が未熟だと、どこを見ていいのかわからず、目をうまく動かせないことがあります。すると、目線を合わせなかったり、文字枠をうまく捉えられず書いた文字がはみ出してしまったりします。また、それに伴って楽しいと感じることが少なくなり感情系の発達にも影響します。

そして、「動く力」が未熟であれば、手先を器用に動かせず思うように書くことができなかったり、外出を好まないことにより引きこもりになってしまったり、うまく話すことも苦手になって、考える力も育ちません。

実は私自身も、特に小学校低学年の頃、非常に苦手なことがありました。それは、音読です。

ひらがなだけの文章だと、なかなか読むことができず、どうにか読み上げても、内容を理解することが困難で、大変苦労したのです。おかげで、成績は５段階評価の２。

文章に漢字が交じるようになると、いくらか改善されたものの、音読のしづらさは学生の間ずっと続きました。

その後、医学部に進み、40歳を過ぎた頃、自らの研究で「見る力」と「動く力」に比べて、「聴く力」が弱いことがわかりました。

音読にも「見る力（文字を読む）」「動く力（口を動かし声を出す）」「聴く力（自分の声を聴く）」の３つの力が必要になります。

小学校へ通いはじめる年齢の頃は、この「聴く力」「見る力」「動く力」の基本が脳の中で発達する重要な時期です。

この時期に、学習やコミュニケーションを行うための脳の基礎となる３つの力を育てることは、その後の脳の成長だけでなく、お子さんの人生にも大きく影響するのです。

「脳育パズル」とは？

そこで、発達が気になる子どもたちのために、少しでも楽しく「聴く」「見る」「動く」の３つの力を育てるために考案したのが、「脳育パズル」です。

このパズルには、発達が気になる子でも、楽しみながら繰り返し３つの力を伸ばせるよう、次の“３つの成長のしくみ”が施されています。

成長のしくみ①　すべてのパズルが３つの力にアプローチ

発達が気になる子どもの多くは、複数の脳の力の連携が苦手であると述べました。本書は、「聴く力」「見る力」「動く力」、それぞれにアプローチするだけでなく、３つを同時に育てることに特化しています。

成長のしくみ③でも触れますが、**脳科学の技法を用いたパズル問題文を掲載**しているので、**問題文を音読することで**、通常の書籍ではなかなか育てにくい「聴く力」を育てることも可能です。

当然、音読をすることで、同時に「見る力」「動く力」も育ちます。

また、それぞれのパズルで、発達が気になる子どもが苦手とする「表情を読む」「目線を動かす」「先を予想しながら手を動かす」「間違えやすい文字に集中的に触れる」「細かな違いを捉える」「短期記憶を活用する」など、その他にも、多くの苦手を克服するパズルをちりばめています。

成長のしくみ②　右脳と左脳のバランスを見ながらパズルが解ける

発達障害のおよそ95%に発達の遅れの傾向が見られる場所が「海馬」と「扁桃体《へんとうたい》」です。「海馬」と「扁桃体」は、右脳と左脳どちらにも存在しますが、多くの場合左脳に遅れが見られます。

本書のパズルは、右脳を育てるパズルと左脳を育てるパズルのどちらも収録していますが、すべてを解き終わったあとに、再度左脳のパズルを解いてみることもオススメです（その場合は、あらかじめパズルをコピーしたものを、お子さんに渡してください）。

また、すべてのパズルを解いて、右脳と左脳のパズルのうち、苦手だった方のパズルを、解き直してみるのもいいでしょう。

成長のしくみ③　助詞強調音読法による問題文

本書の中では、お子さんが読むページにはすべて、「助詞強調音読法」が使えるよう、助詞にしるしをつけています。

お子さんが、助詞を意識して強調しながら音読することで、ひらがな文字が読みやすくなり、名詞や文の意味をつかみやすくなります。助詞を際立たせながら、大きな声でゆっくり読むのがポイントです。

この「助詞強調音読法」は、私の音読が苦手だった経験から、後に考案した方法で、専用の音読書籍も複数発売し、非常に多くの方から反響をいただいています。

この３つの成長のしくみによって作られた「脳育パズル」は、子どもの脳の成長に不可欠な３つの脳番地を育《はぐく》み、かつ学習の基礎となる領域を育てるものです。

発達が気になるお子さんはもちろん、そうでないお子さんも、少しでも早期にこの「脳育パズル」に取り組むことで、自ずと学習やコミュニケーション能力を向上させることができるはずです。

発達している強みの脳番地を育て、未発達な脳番地も育てる。お子さんの“困った”を減らし、“得意”を伸ばしていきましょう。

加藤プラチナクリニック ADHD 専門外来
脳内科医・小児科専門医　加藤俊徳

脳育《のういく》パズル もくじ

パンたくんから きみへ

はじめまして！　ボク　パンダの　おとこの　こ　パンた　だよ
きみと　であえて　すごく　うれしいな♪
この　ほんでは　きみと　ボクと　ボクの　おともだちの
ペンヌちゃんと　いっしょに　パズルを　たのしもうね！
パズルの　とちゅうで　ほかの　おともだちも　でてくるよ！

まいにち　すこしずつ　パズルを　とくと
ボクと　いっしょに　きみも　パワーアップできる　はずだよ！

パズルの　すすめかたを　せつめいするね
まず　えんぴつを　よういして　もんだいぶんを　ゆっくりこえに　だして
よんでみてね　いろえんぴつが　ひつようなときも　あるよ
パズルを　といたら　おとなの　ひとに　みてもらおう！
まいにち　１つか　２つの　パズルを　とくといいよ！

さぼりたくなるひも　あるかもしれないけれど
みんなで　いっしょに　たのしく　がんばろうね！
じゃあああああああああ　スターーートーーーーーーーーーーーーー！！

パンたくんと　パンたくんの　おともだち

パンたくん

こころやさしい　パンダの　おとこの　こ
りんごが　だいすき

ペンヌちゃん

おしゃべりな　ペンギンの　おんなの　こ
ものを　よくなくすのが　なやみ

まほうつかい

なぞが　おおいじんぶつ　むかし
パンたくんと　なかが　よかった？

ねずみさん

パンたくんと　かぼちゃの　タネが　だいすきで　きょうだいが　たくさん！

ねこママさん と こねこちゃんズ

やんちゃな　３つごちゃんは　いつもおかあさんが　みまもっている

01

おなじ　かおを　している パンたくんを　みつけて すべて　○で　かこんでね

1

右《う》脳《のう》かお さがし①

02

おなじ　かおを　している パンたくんを　みつけて すべて　□で　かこんでね

03

おなじ　かおを　している ペンヌちゃんを　みつけて すべて　○で　かこんでね

04

おなじ　かおを　している ペンヌちゃんを　みつけて すべて　□で　かこんでね

05

おおきな　パンたくんと
おなじかおを　みつけて
すべて　○で　かこんでね

06

おおきな　ペンヌちゃんと
おなじかおを　みつけて
すべて　○で　かこんでね

07 みぎと　ひだりの　えには　6つの　ちがいが　あるよ

2　ひだり

右《う》脳《のう》まちがい　さがし①

みぎの　えに
○を　つけてね

みぎ　2

右脳《うのう》　まちがい　さがし①

08

うえと　したの　えには
7つの　ちがいが　あるよ
したの　えに　○を　つけてね

うえ

パンたくんは
ペンヌちゃんと
いっしょに
トレーニングを
しているね

した

09

うえと　したの　えには
８つの　ちがいが　あるよ
したの　えに　○を　つけてね

うえ

した

10 うえと　したの　えには
9つの　ちがいが　あるよ
したの　えに　○を　つけてね

2

右脳《うのう》まちがいさがし④

うえ
あれれ
まほうつかいが
あらわれたよ
ふしぎなせかいに
まよいこんだ
みたい
した

11 カレンダーを　みて
3つの　しつもんに　こたえてね！

1がつ

にち	げつ	か	すい	もく	きん	ど
	1	2	3	4	5	6
7	8	9	10	11	12	13
14	15	16	17	18	19	20
21	22	23	24	25	26	27
28	29	30	31			

① 1がつの　にちようび
すべてに　○を　つけましょう

② 1がつの　げつようびは
なんかいありますか？　（　　　）かい

③ 1がつ1にちは　しゅくじつです
このひは　なんの　ひですか？　（　　　）

12 カレンダーを　みて
3つの　しつもんに　こたえてね！

2がつ

にち	げつ	か	すい	もく	きん	ど
				1	2	3
4	5	6	7	8	9	10
11	12	13	14	15	16	17
18	19	20	21	22	23	24
25	26	27	28	29		

① 2がつは　いつも　28にちまでしかありません
でも　4ねんに　1どだけ　1にちふえます
ふえたひに　○を　つけましょう

② 「しゅくじつ」が　2かいあります
「しゅくじつ」に　△を　つけましょう

③ 「へいじつ」は
なんにちありますか？
(　　　　　　)にち

13 カレンダーを　みて
3つの　しつもんに　こたえてね！

10がつ

にち	げつ	か	すい	もく	きん	ど
		1	2	3	4	5
6	7	8	9	10	11	12
13	14	15	16	17	18	19
20	21	22	23	24	25	26
27	28	29	30	31		

① パンたくんの　たんじょうびは　10がつ28にち！
カレンダーに　○を　つけてね！

② パンたくんの　たんじょうびは
なんようびかな？　（　　　　）ようび

③ パンたくんは　いま　6さい
たんじょうびが　くると
なんさいに　なる？　（　　　　）さい

14 カレンダーを　みて　3つの　しつもんに　こたえてね！

（　　　）がつ

にち	げつ	か	すい	もく	きん	ど

① きみの　たんじょうびの
つきの　カレンダーを　つくろう！

② きみの　たんじょうびに
○を　つけてね

③ つぎの　たんじょうびで
きみは　なんさいに　なるのかな？　（　　　）さい

15

カレンダーを　みて
3つの　しつもんに　こたえてね！

にち	げつ	か	すい	もく	きん	ど
		1	2	3	4	5
6	7	8	9	10	11	12
13	14	15	16	17	18	19
20	21	22	23	24	25	26
27	28	29	30	31		

① 「ついたち」を　○で　かこんでね

② 「いつか」を　△で　かこんでね

③ 「むいか」に　×を　つけてね

④ 「ようか」に　✓を　つけてね

⑤ 「はつか」を　ぬりつぶしてね

16 カレンダーを　みて
3つの　しつもんに　こたえてね！

（　　　　）がつ

にち	げつ	か	すい	もく	きん	ど
1	2	3	4	5	6	7
8	9	10	11	12	13	14
15	16	17	18	19	20	21
22	23	24	25	26	27	28
29	30	31				

① 1ねんの　さいごの　つきは　なんがつかな？
カレンダーに　かいてね！

② 1ねんの　さいごの　ひを
「おおみそか」と　いうよ
「おおみそか」に　○を　つけてね

③ つぎの　としは
なんようびから　はじまるかな？　（　　　　）ようび

17

5つの　ずけいが　どこに　あるかな？
しっかり　おぼえたら
つぎの　ページに　すすんでね

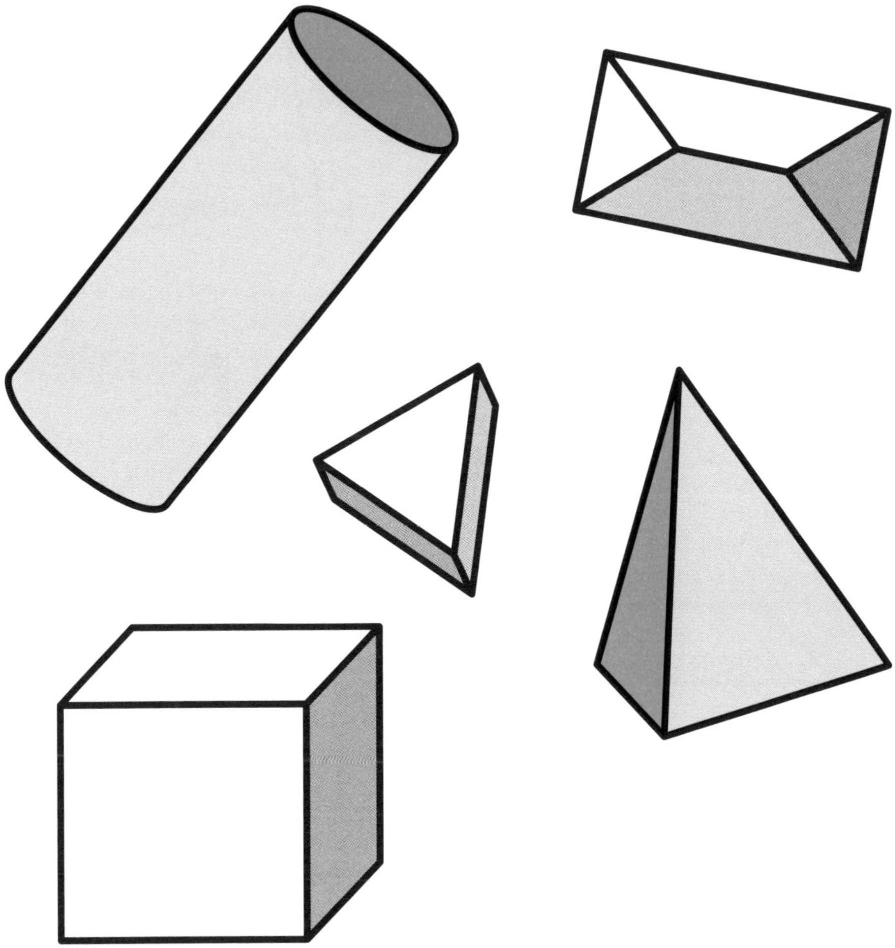

18 まえの　ページに
なかったずけいが　ふえているよ
ふえたずけいに　○を　つけてね

19

4つの　ずけいが　どこに　あるかな？
しっかり　おぼえたら
つぎの　ページに　すすんでね

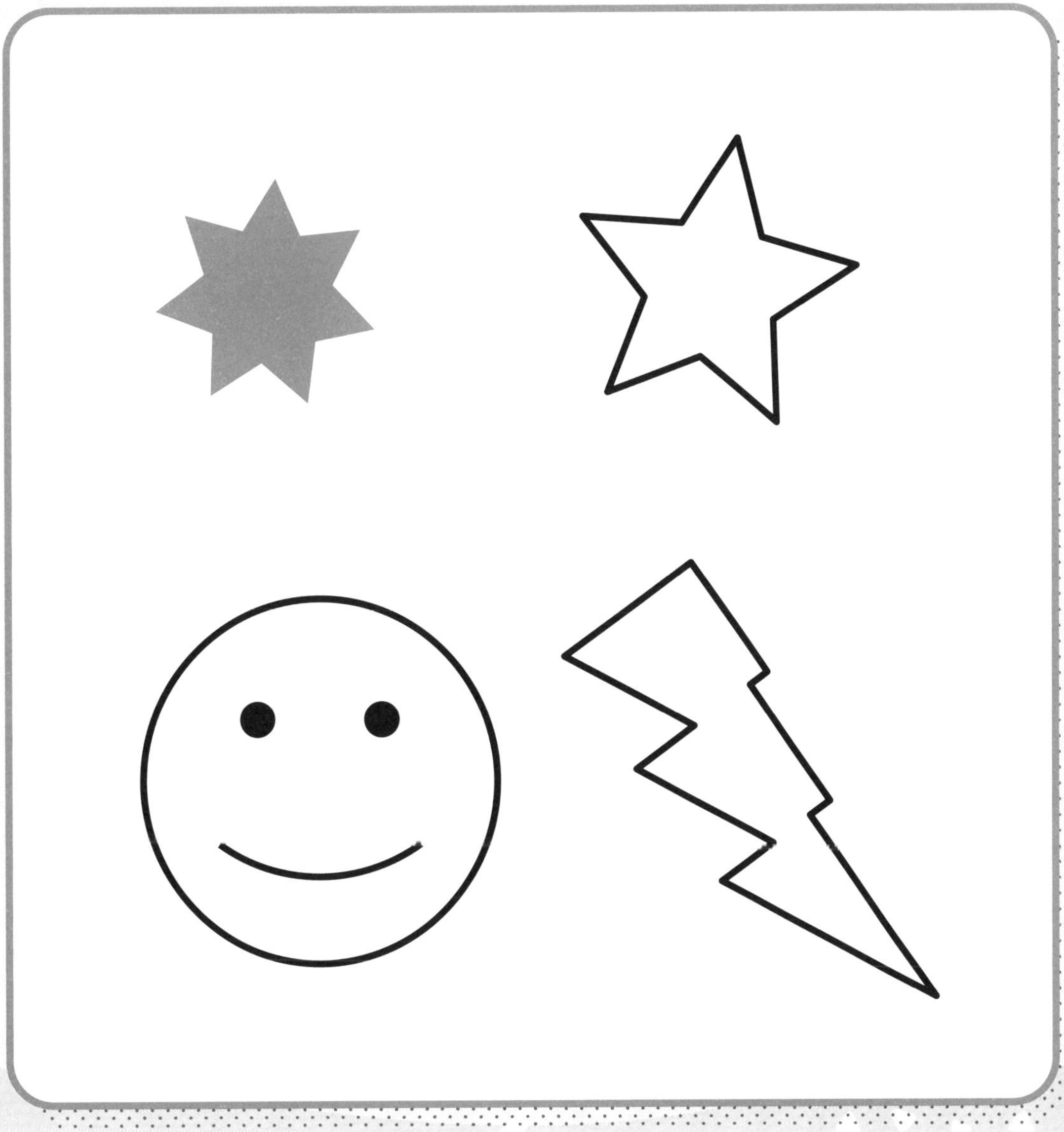

20 まえの　ページに
なかったずけいが　ふえているよ
ふえたずけいに　○をつけてね

21

どんなものが　あるかな？
しっかり　おぼえたら
つぎの　ページに　すすんでね

22 まえの　ページに
あったものが　なくなっているよ
なくなったものを　おしえてね

なんの　え　だったかな（　　　　　　　　）

23 4つの　えを ただしい　じゅんばんに ならべよう！

24

４つの　えを ただしい　じゅんばんに ならべよう！

5

右《う》脳《のう》ならべかえ②

25

4つの　えを
ただしい　じゅんばんに
ならべよう！

26

６つの　えを
ただしい　じゅんばんに
ならべよう！

27

6つの　えを　ただしい
じゅんばんに　ならべよう！
1つだけ　いらないものが　あるよ！

28

おてほんの　マネを　して
てんと　てんを　つなごう！

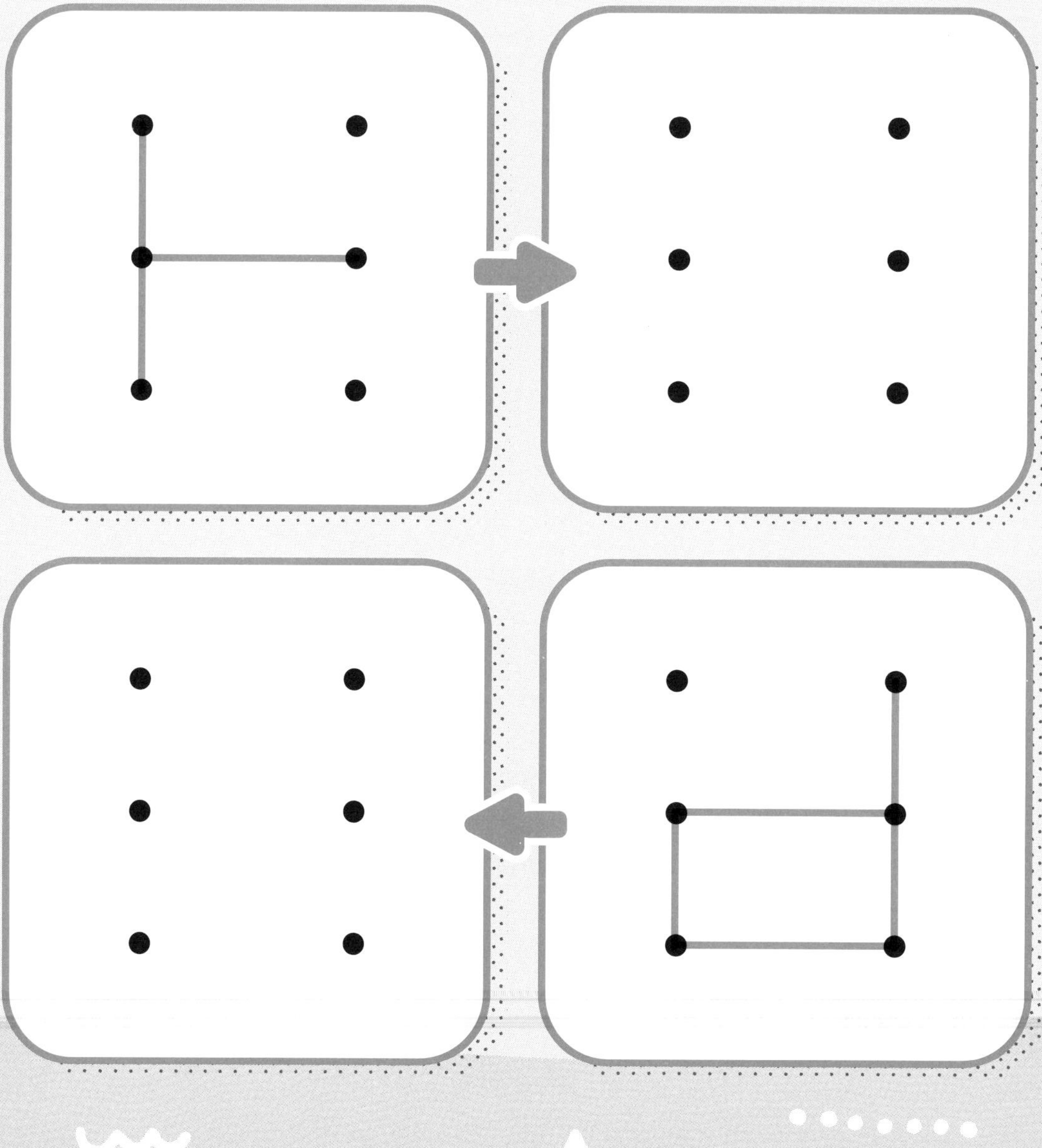

29

おてほんの　マネを　して てんと　てんを　つなごう！

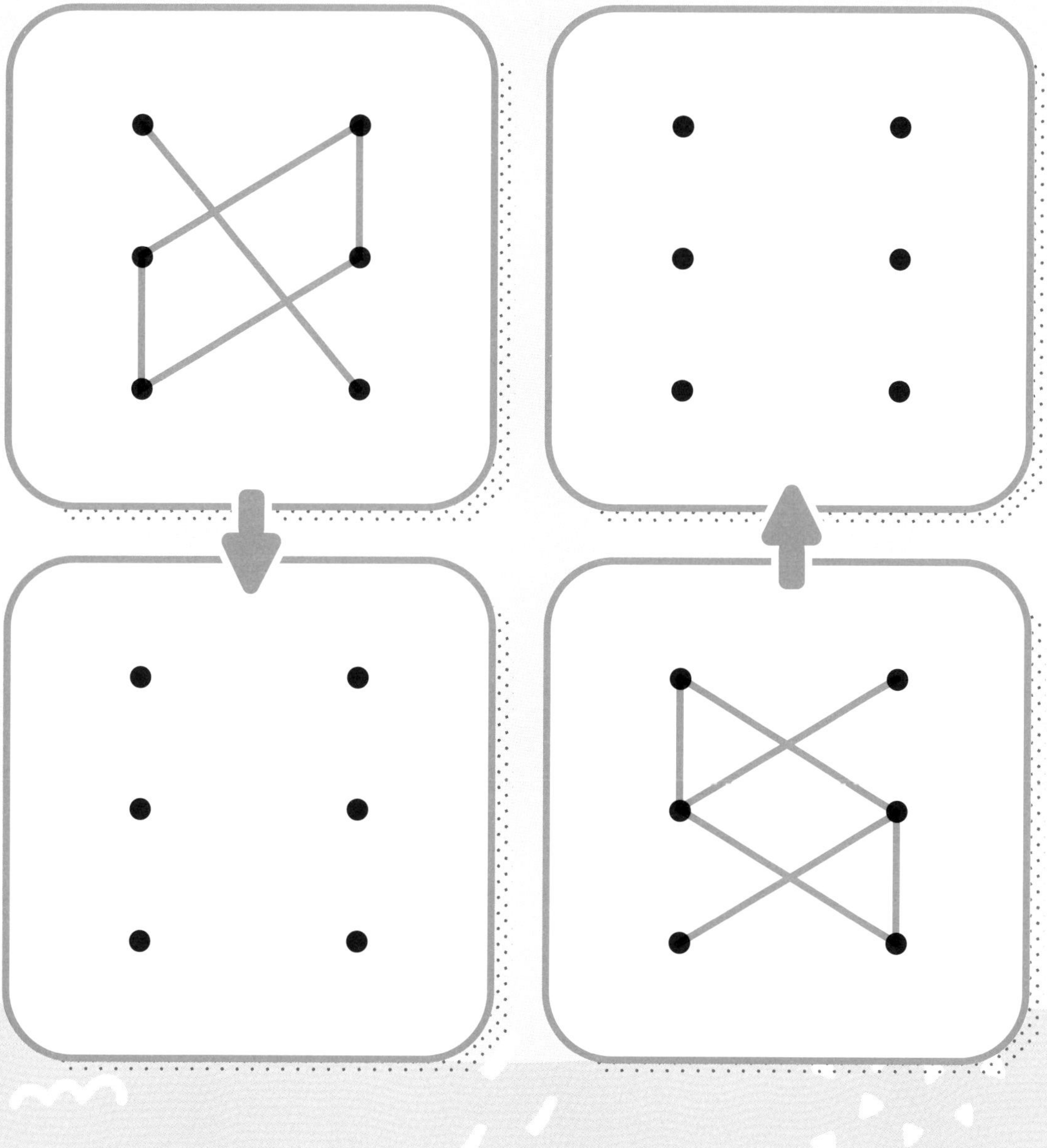

30

おてほんの　マネを　して
てんと　てんを　つなごう！

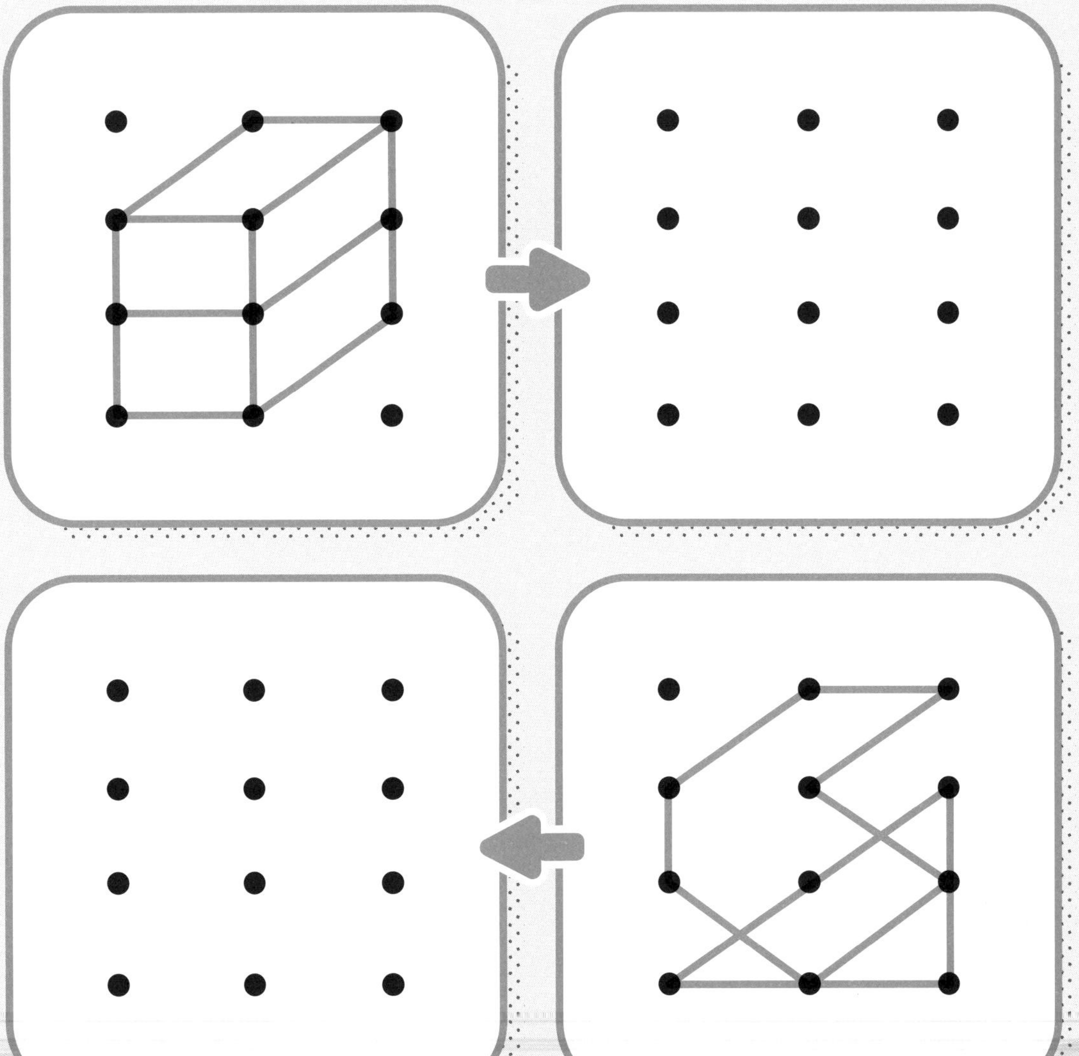

31

おてほんの　マネを　して
てんと　てんを　つなごう！

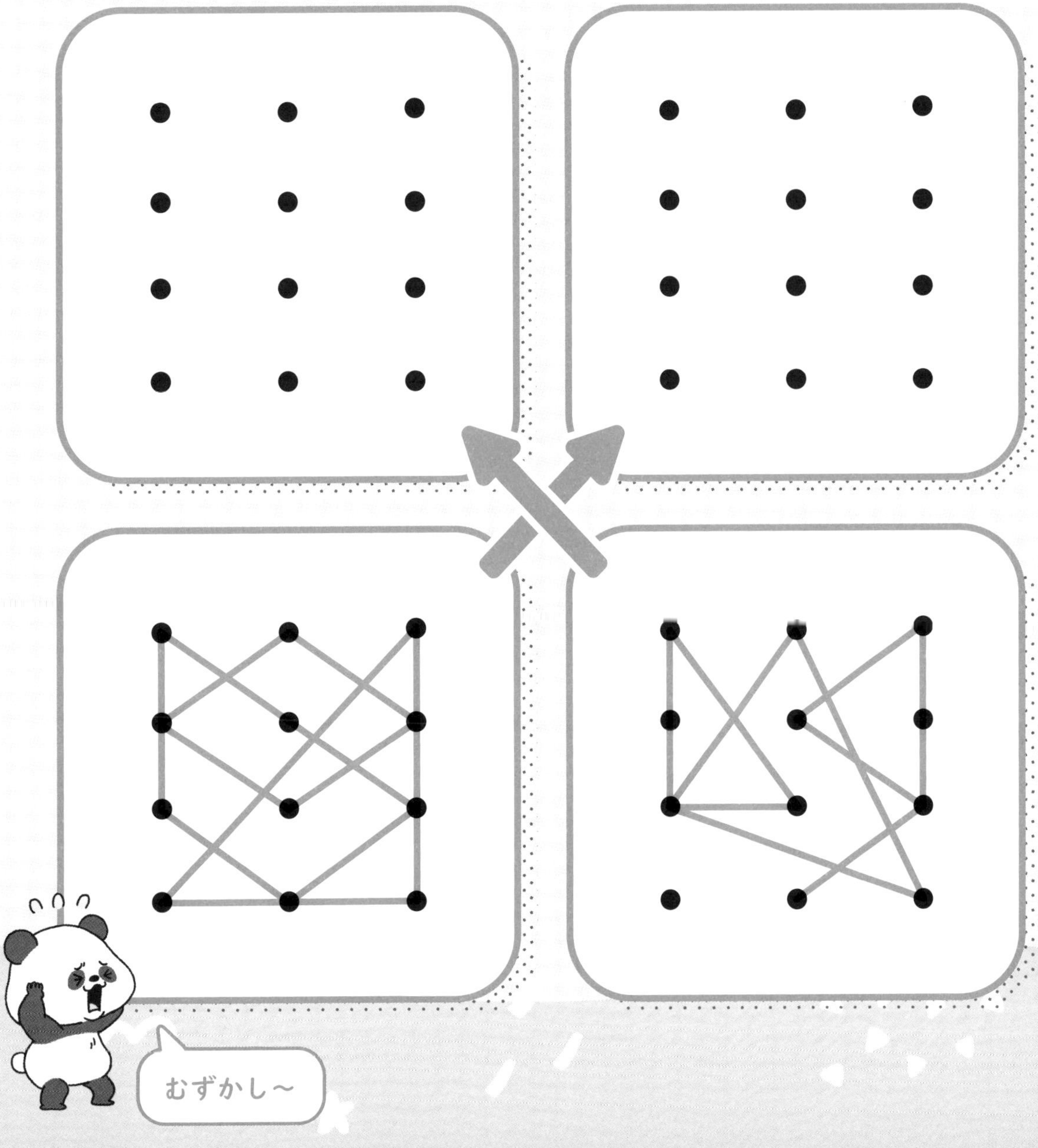

32

おてほんの　マネを　して
てんと　てんを　つなごう！

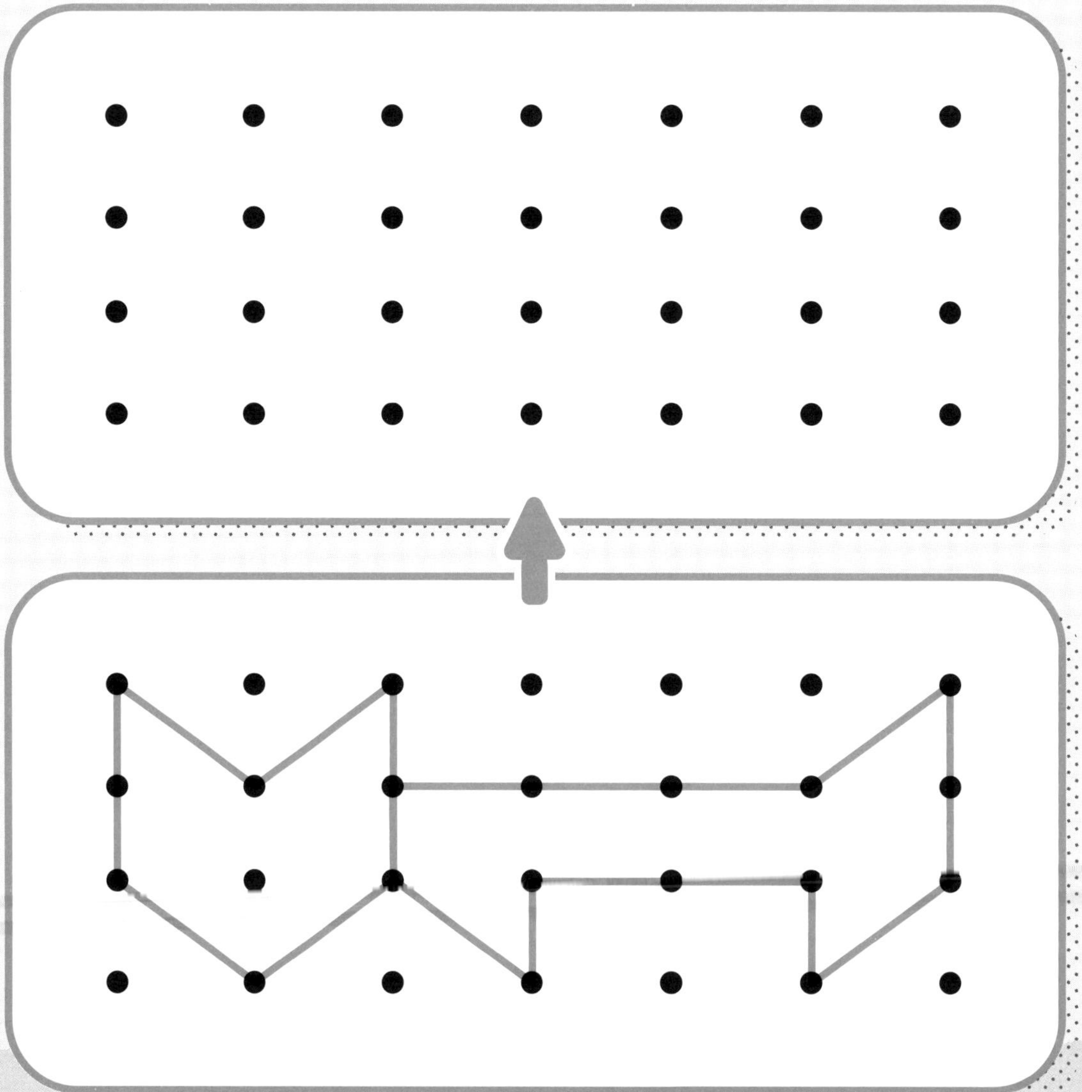

33

おてほんの　マネを　して
てんと　てんを　つなごう！

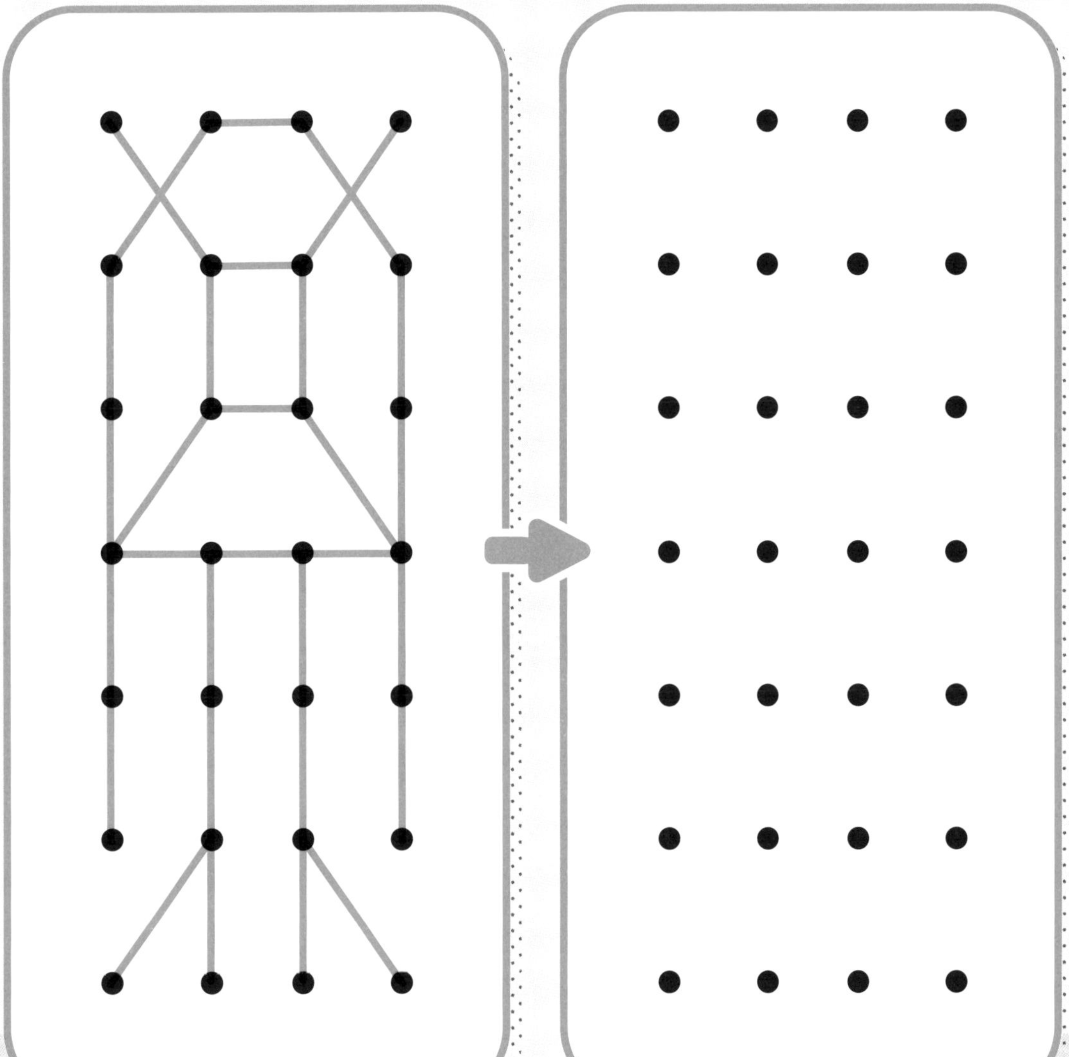

34

みんなの　めは　どこを　みて いるかな？　めと みているものを　→で　つなごう

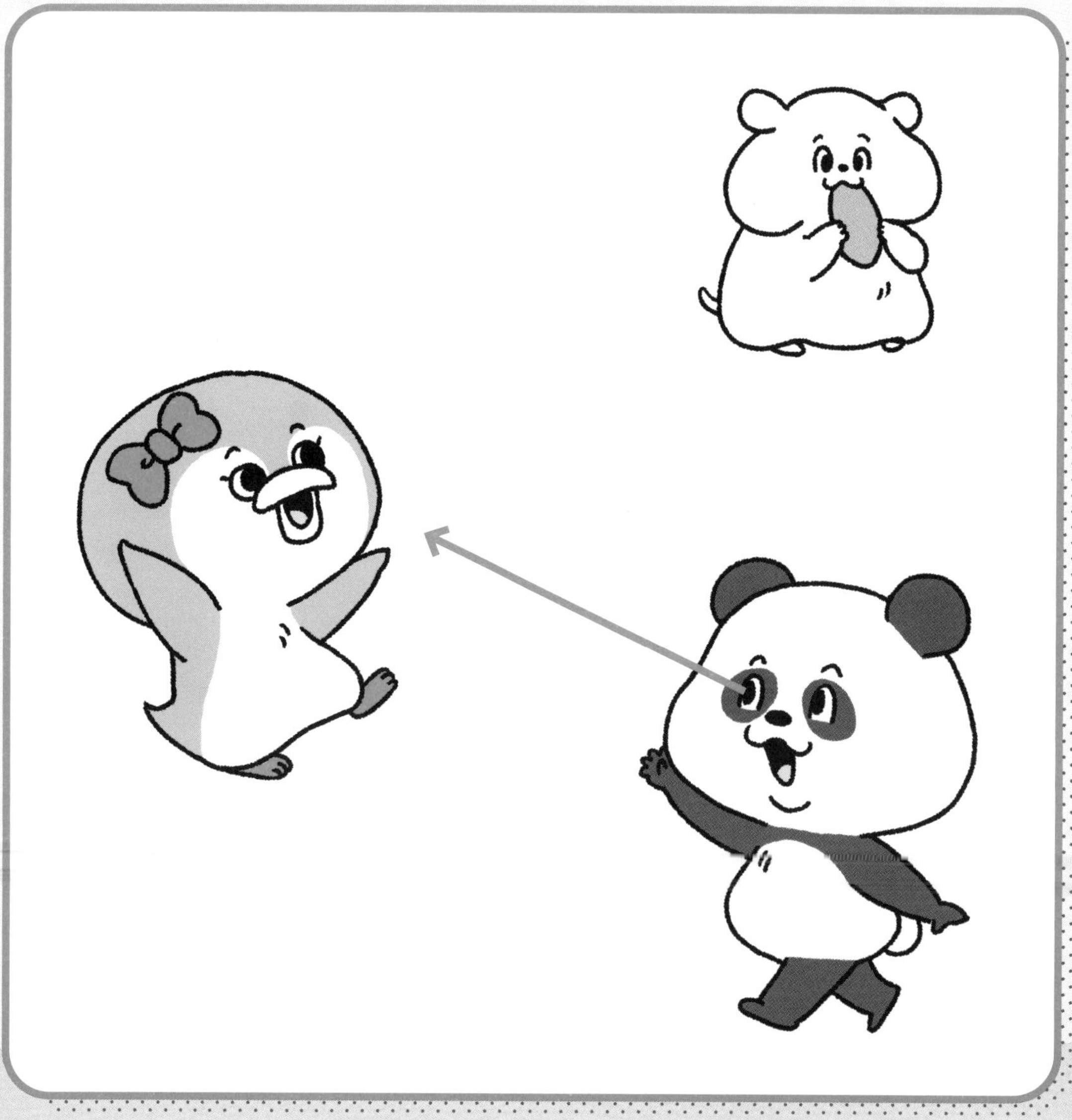

7

右《う》脳《のう》めせんつなぎ①

35

みんなの　めは　どこを　みて
いるかな？　めと
みているものを　→で　つなごう

7

右脳《うのう》めせんつなぎ②

36 みんなの　めは　どこを　みて　いるかな？　めと　みているものを　→で　つなごう

7 右《う》脳《のう》 めせんつなぎ③

37

みんなの　めは　どこを　みて　いるかな？　めと　みているものを　→で　つなごう

38

ペンヌちゃんの　めは
どこを　みて　いるかな？
みているものを　○で　かこもう

39

パンたくんの　めは
どこを　みて　いるかな？
みているものを　○で　かこもう

40

てんと　てんを　つないで　もじを　かこう！
わくが　ちいさくても　かけるかな

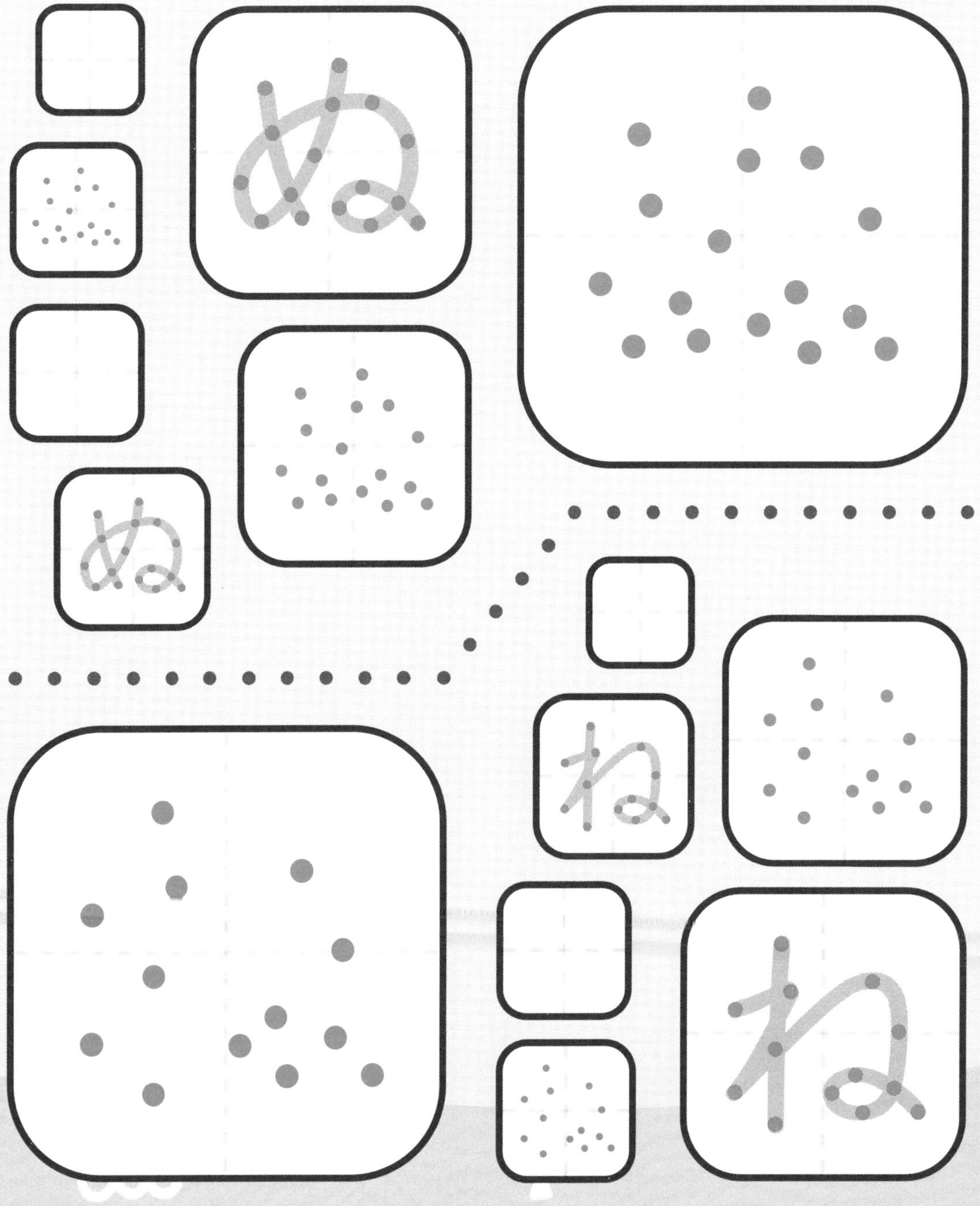

8 左脳《さのう》てんつなぎ もじ①

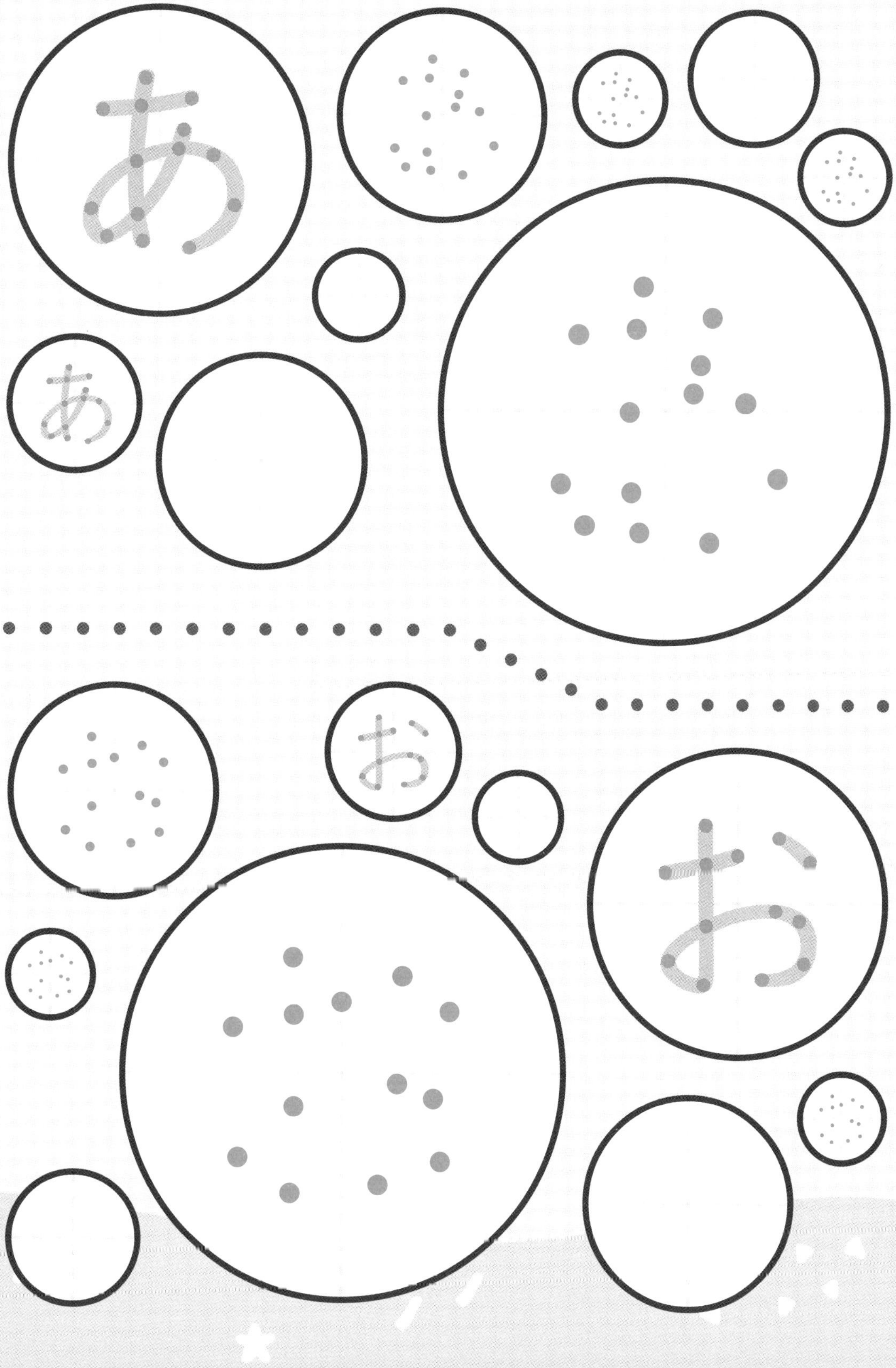

41

てんと　てんを　つないで　もじを　かこう！
わくが　ちいさくても　かけるかな

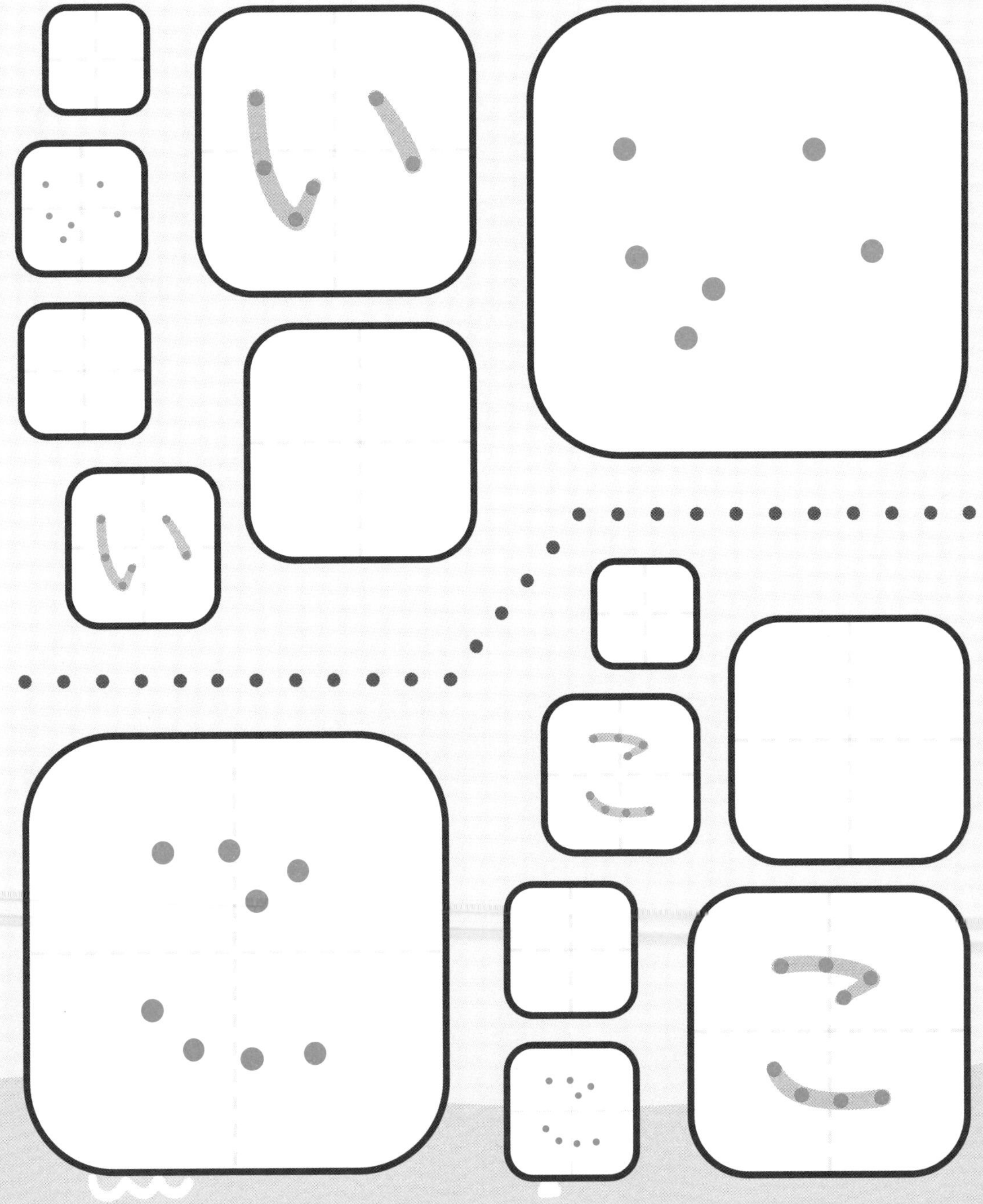

8 左《さ》脳《のう》てんつなぎ もじ②

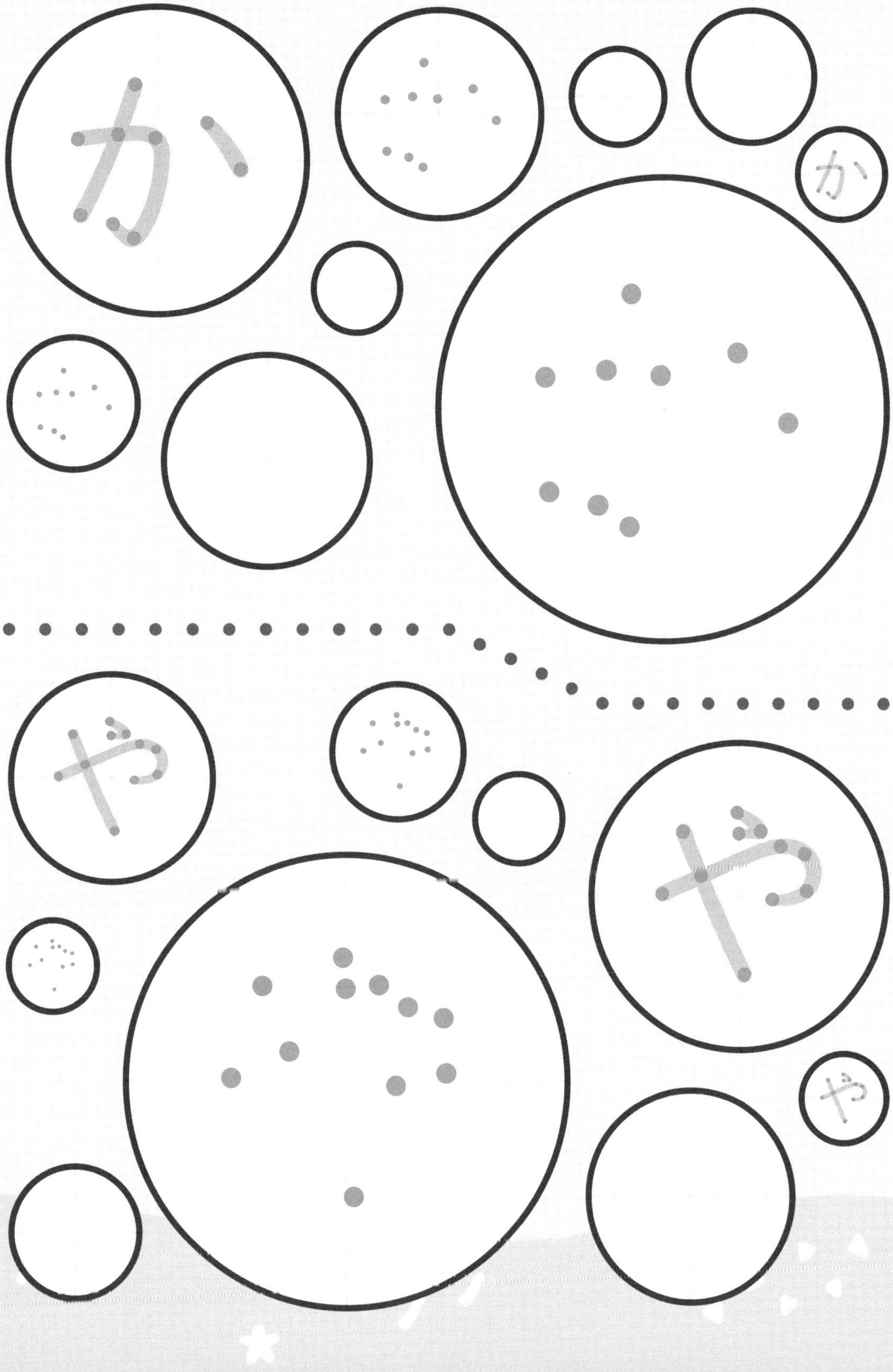

42

てんと　てんを　つないで　もじを　かこう！
わくが　ちいさくても　かけるかな

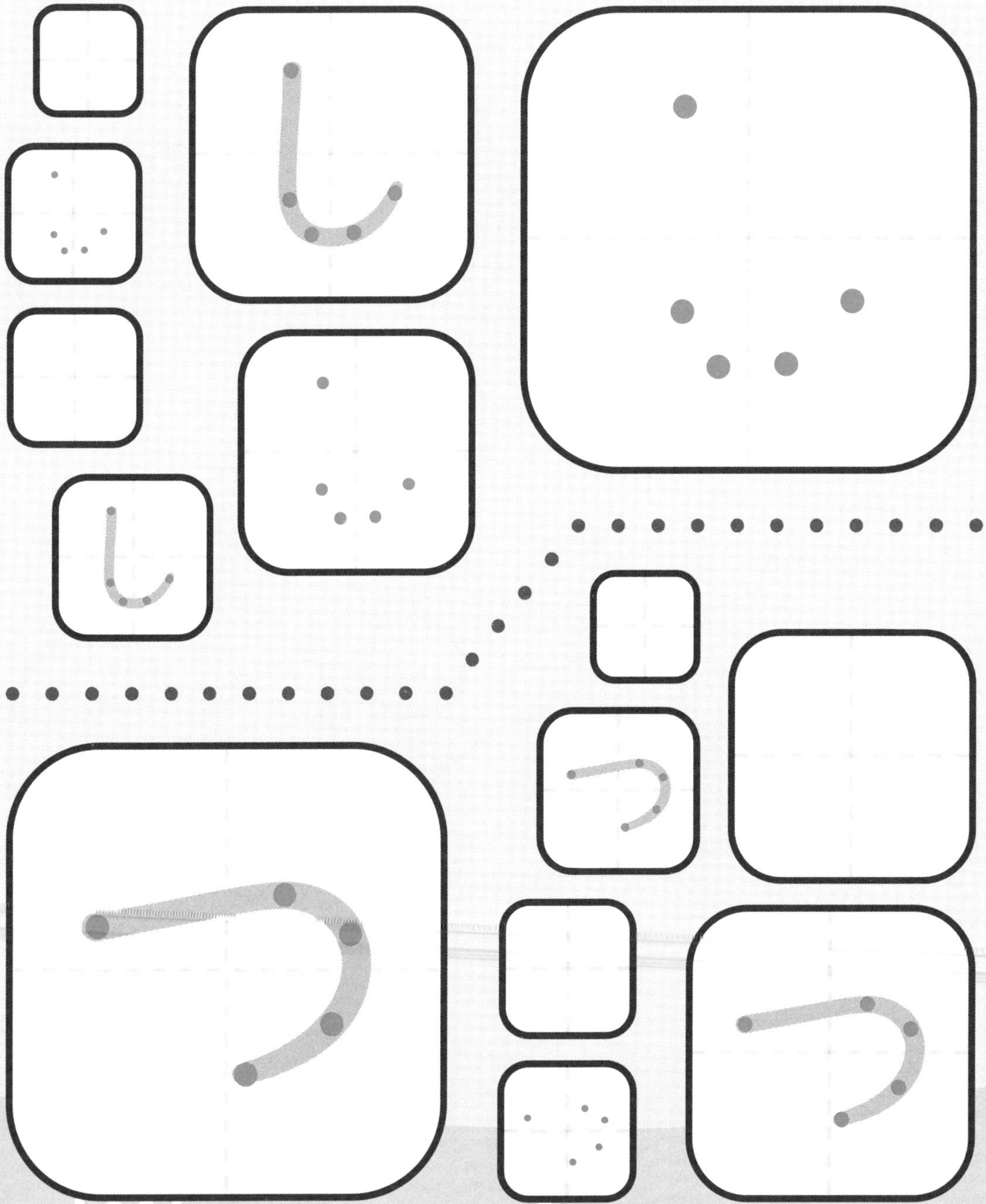

8 左脳《さのう》 てんつなぎ もじ③

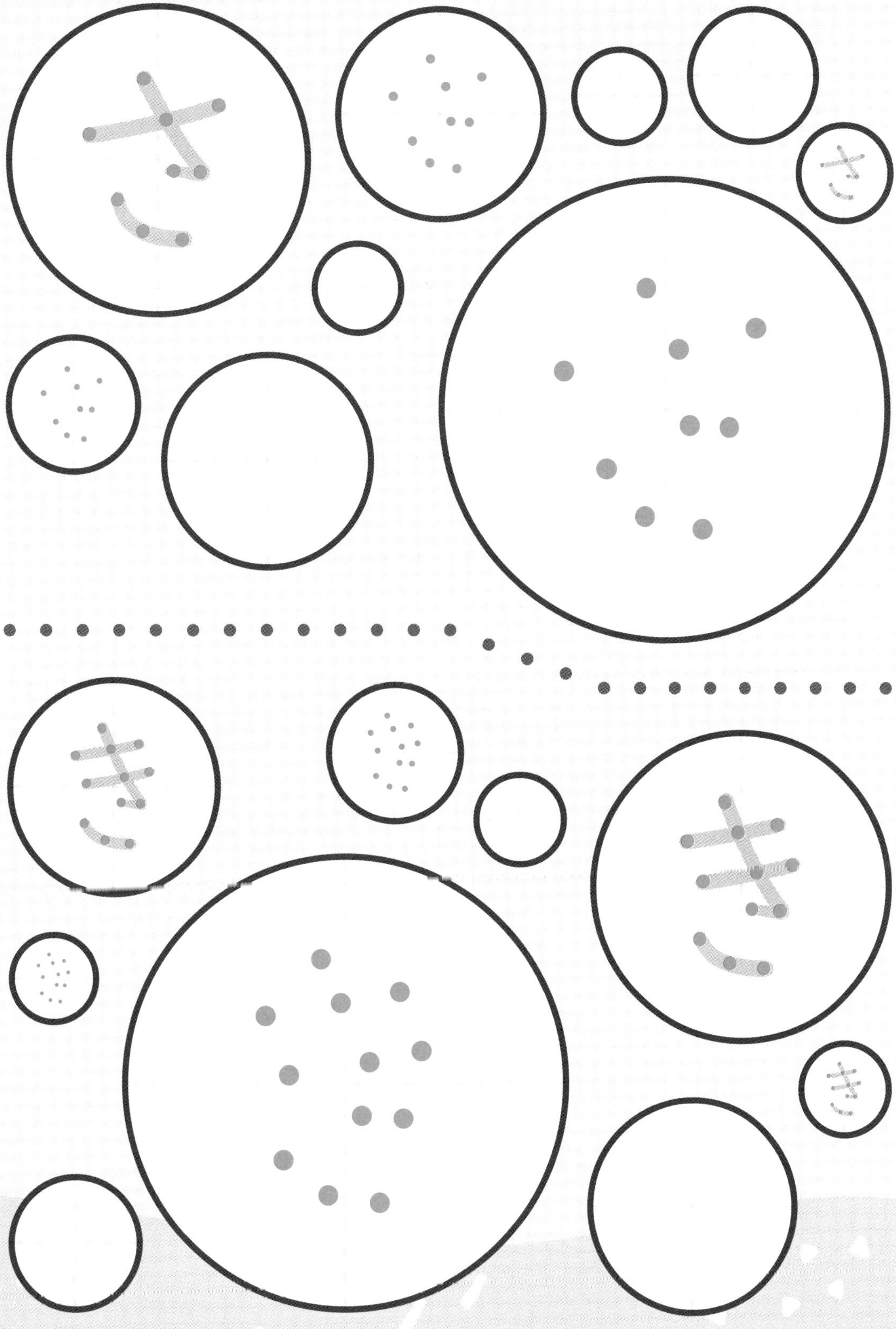

43

てんと てんを つないで もじを かこう！
わくが ちいさくても かけるかな

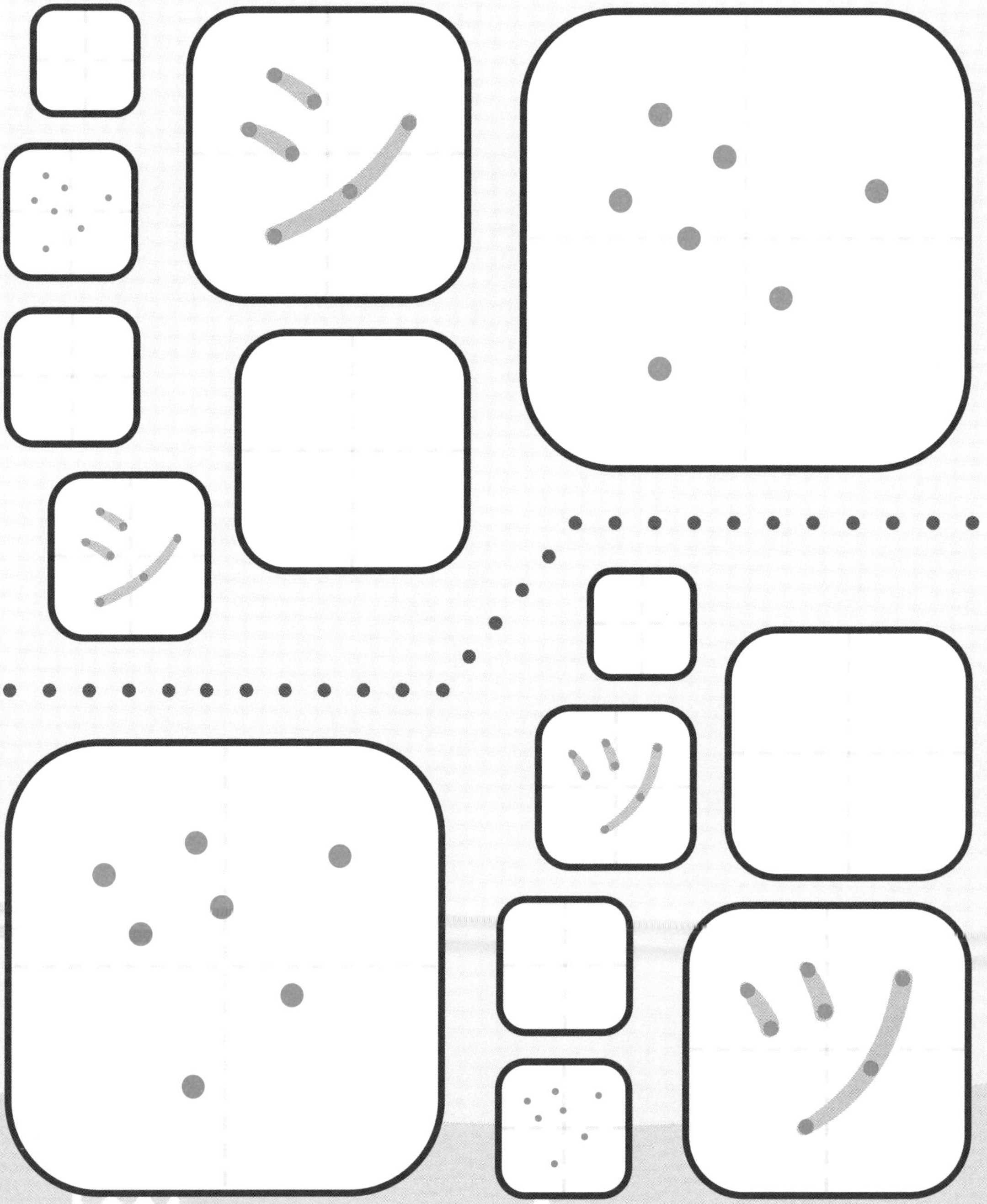

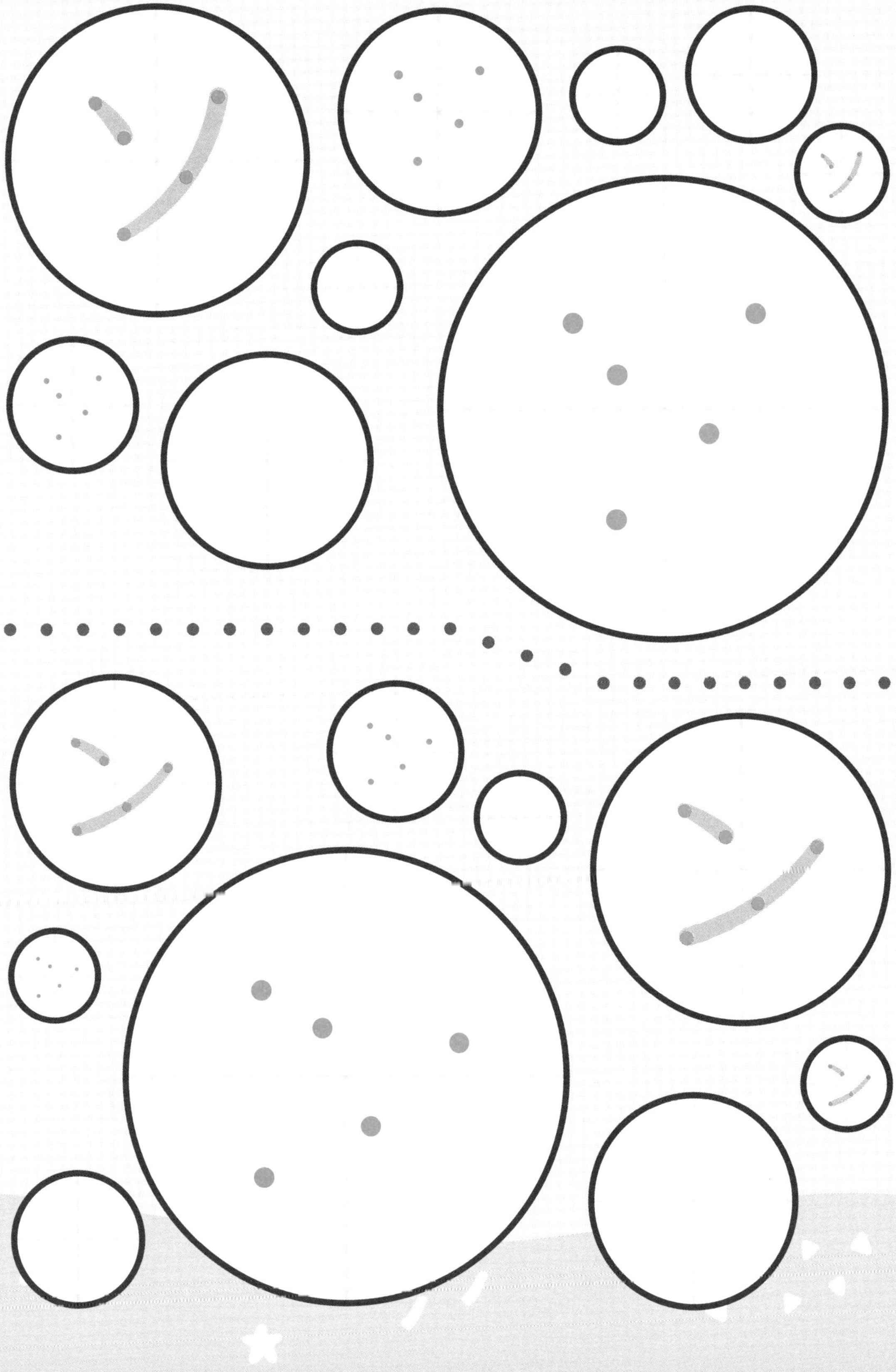

44 なんの　えかな？
えの　なまえを　せんで　つなごう！
こえに　だしながら　かいてね

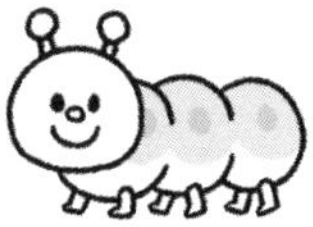
む・　　・ま

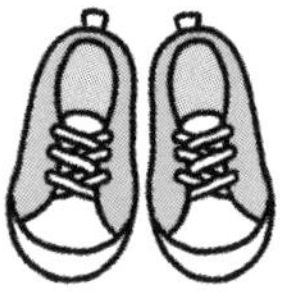
く・　　・つ

は・　　・し

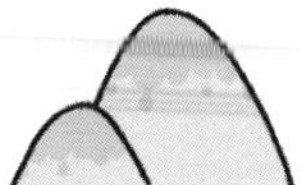
や・　　・ね

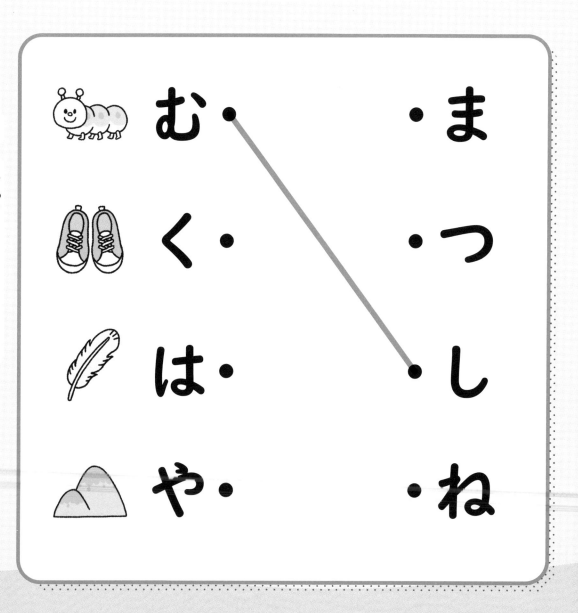

45

なんの　えかな？
えの　なまえを　せんで　つなごう！
こえに　だしながら　かいてね

 は・　　・も

 く・　　・ね

 ふ・　　・ち

 ゆ・　　・き

ていねいに
せんを　ひこう

9

左《さ》脳《のう》もじ つなぎ③

46 なんの　えかな？
えの　なまえを　せんで　つなごう！
こえに　だしながら　かいてね

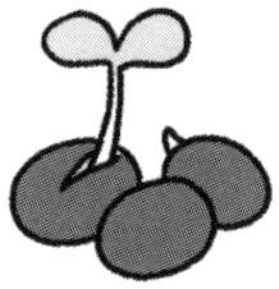
た・　・ぎ

か・　・ね　・め

と・

あ・　・り

47

なんの　えかな？
えの　なまえを　せんで　つなごう！
こえに　だしながら　かいてね

つ・　　・こ

は・　　・ち

ね・　　・な

も・　　・き

48 なんの　えかな？
えの　なまえを　せんで　つなごう！
こえに　だしながら　かいてね

	う・	・さ・	・け
	お・	・ば・	・ぎ
	さ・	・く・	・し
	こ・	・け・	・ら

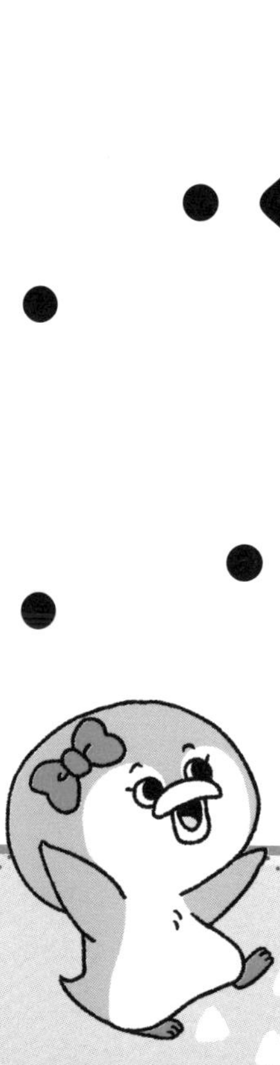

49 なんの　えかな？
えの　なまえを　せんで　つなごう！
こえに　だしながら　かいてね

く・　・た・　・て

ほ・　・る・　・ん

ふ・　・わ・　・み

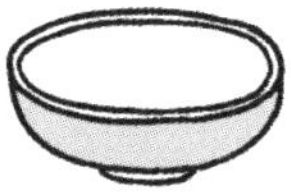
お・　・た・　・ご

50 なんの　えかな？
えの　なまえを　せんで　つなごう！
こえに　だしながら　かいてね

か・　・た・　・る

ほ・　・ん・　・め

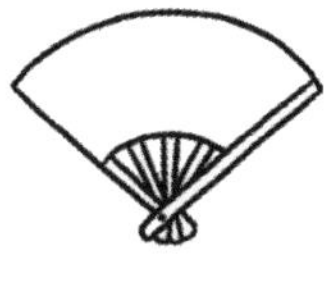
せ・　・も・　・す

つ・　・く・　・し

51 なんの　えかな？

えの　なまえを　せんで　つなごう！
こえに　だしながら　かいてね

だ・　・み・　・ま

も・　・る・　・め

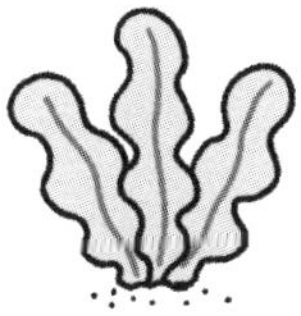

わ・　・り・　・い

と・　・か・　・じ

52

とけいの　まちがい　さがし！
まちがっている　ところに
○を　つけてね

53

とけいの　まちがい　さがし！
まちがっている　ところに
○を　つけてね

54

とけいの　かんせい　もんだい！
□に　すうじを　かこう！
じかんは　なんじかな？

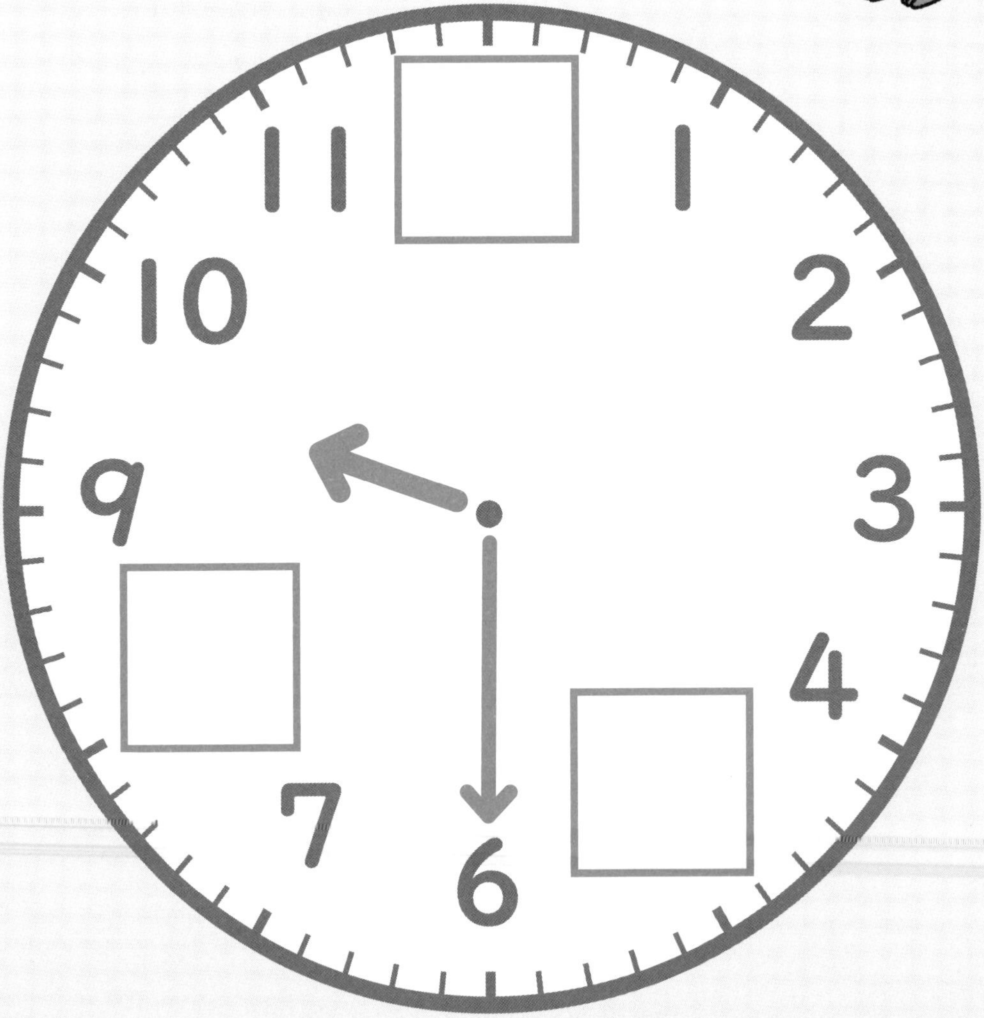

（　　　）じ（　　　）

55 とけいの　かんせい　もんだい！
□に　すうじを　かこう！　９じに
なるように　ながいはりも　かいてね

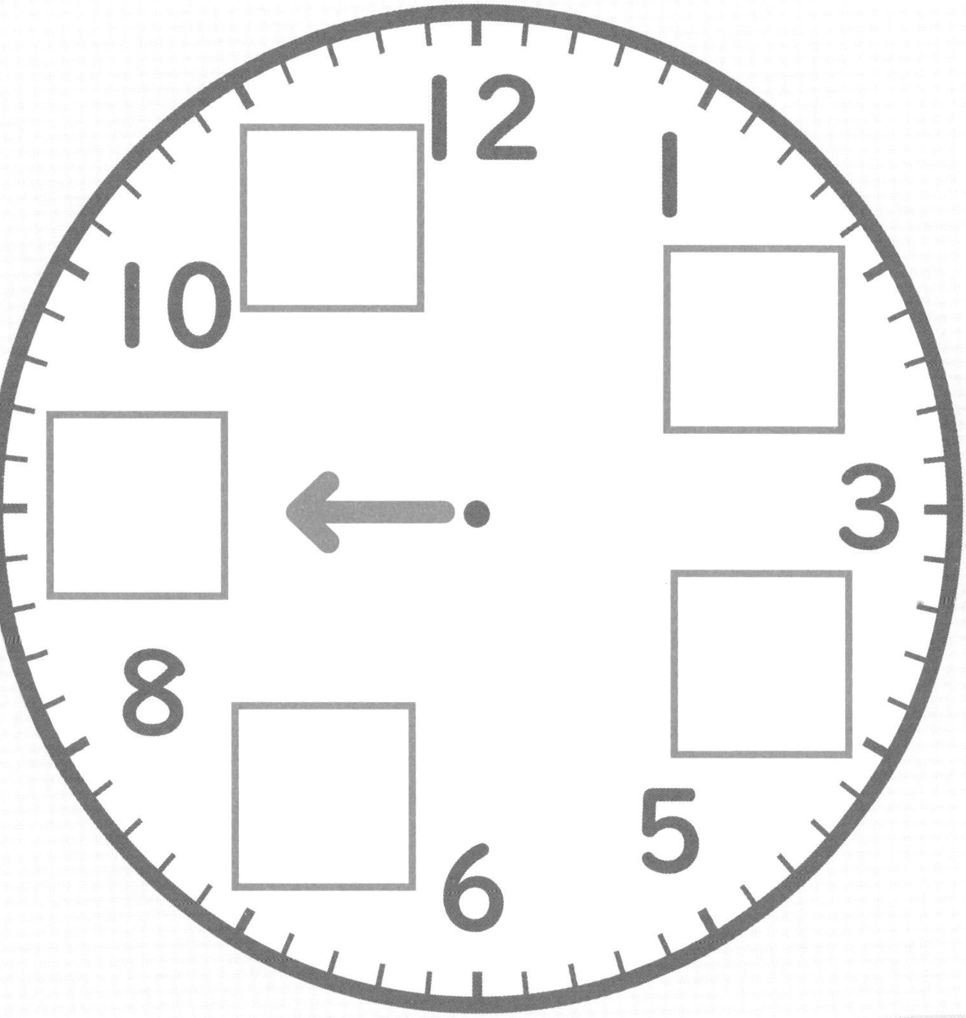

56

とけいの　かんせい　もんだい！
じかんに　あわせて
ながいはりを　かいてね

7じ

12 じはん

2じ 20 ぷん

12 じ

57 とけいの　かんせい　もんだい！
じかんに　あわせて
ながいはりを　かいてね

6じ

3じ 10ぷん

8じ 40ぷん

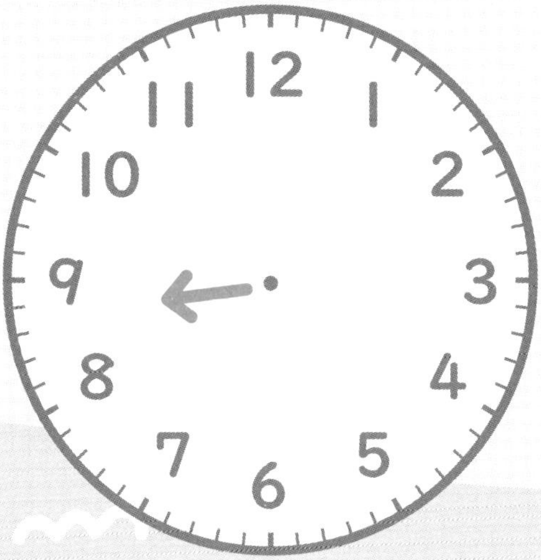

6じはん

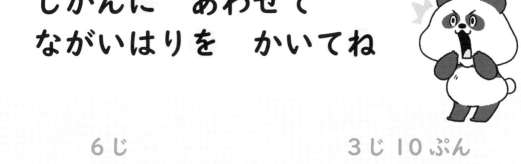

58 とけいを　よもう！
とけいは　なんじ　なんふんに なって　いるかな？

(　　)じ(　　)ふん

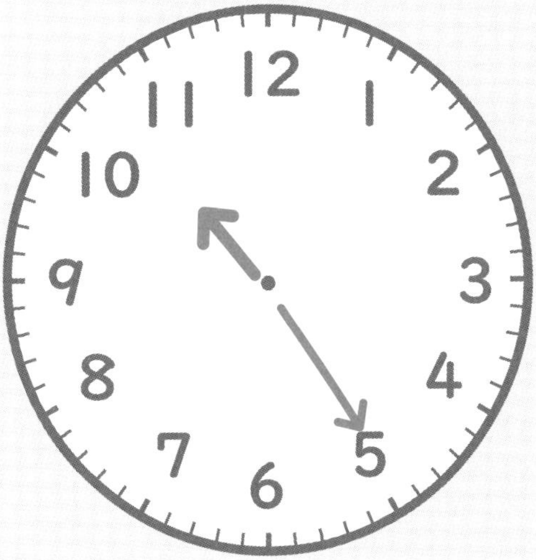

(　　)じ(　　)ふん

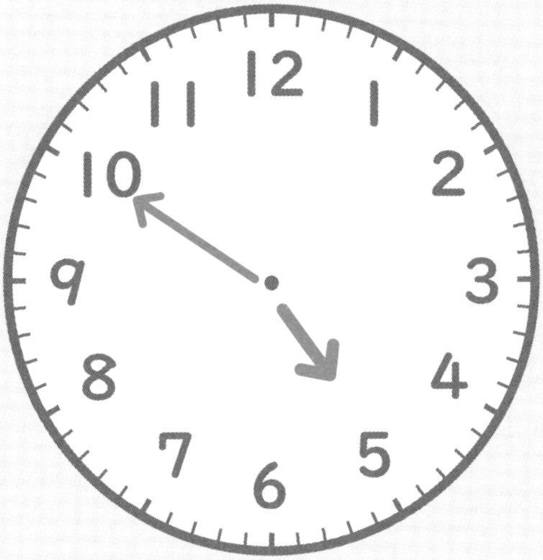

(　　　　)じ

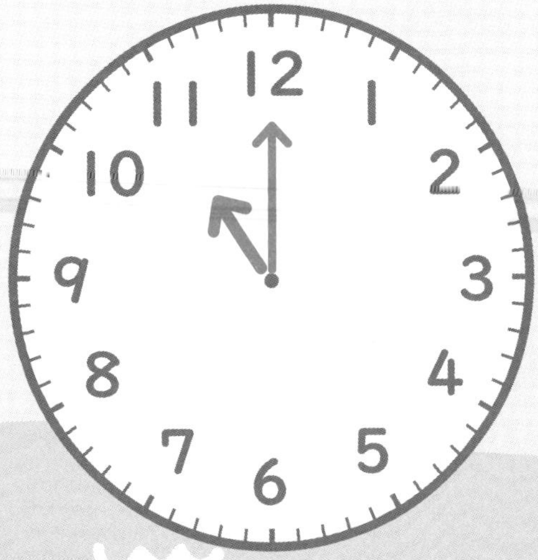

(　　)じ(　　)ふん

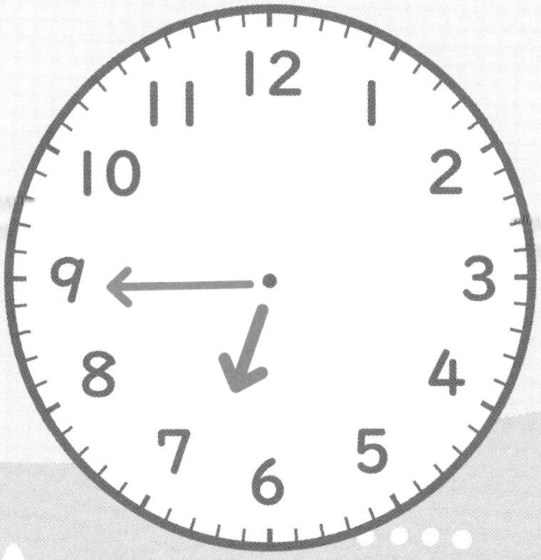

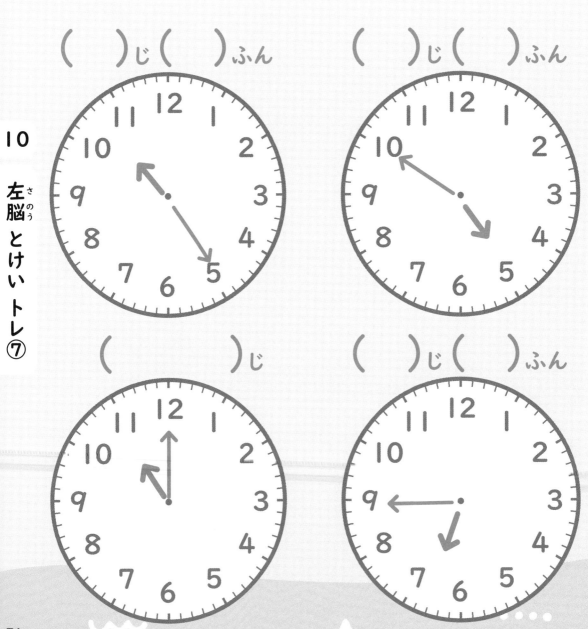

59

きみの　じかんに　あわせて
ながいはりと　みじかいはりを
かいてね　じかんを　まもろう！

あさ おきるじかん

がっこうへ
でかけるじかん

きゅうしょくの じかん

よる ねるじかん

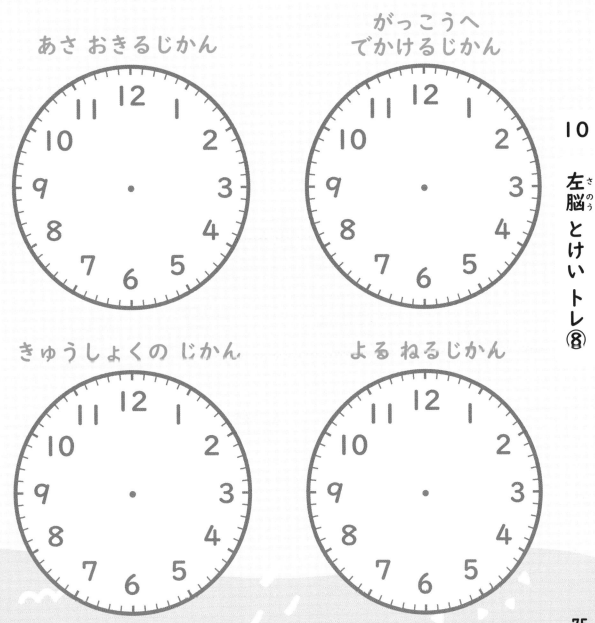

60

「ま」とは　べつの　もじを
さがそう　こえに　だして
よみながら　○を　つけてね

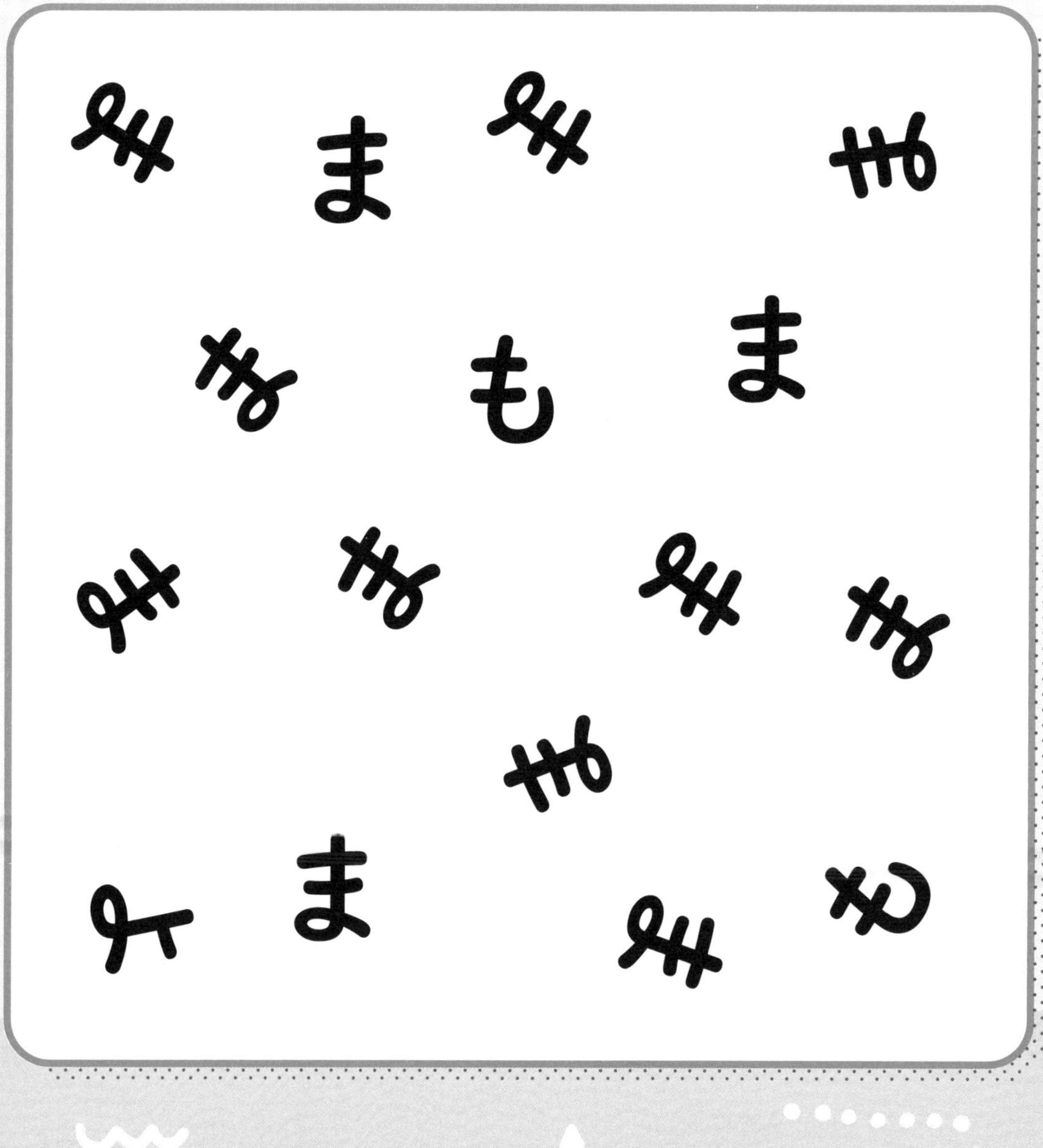

11
左《さ》脳《のう》もじさがし①

61 「め」とは　べつの　もじを
さがそう　こえに　だして
よみながら　△を　つけてね

62 「き」とは べつの もじを
さがそう こえに だして
よみながら □を つけてね

63

「い」とは　べつの　もじを さがそう　こえに　だして よみながら　○を　つけてね

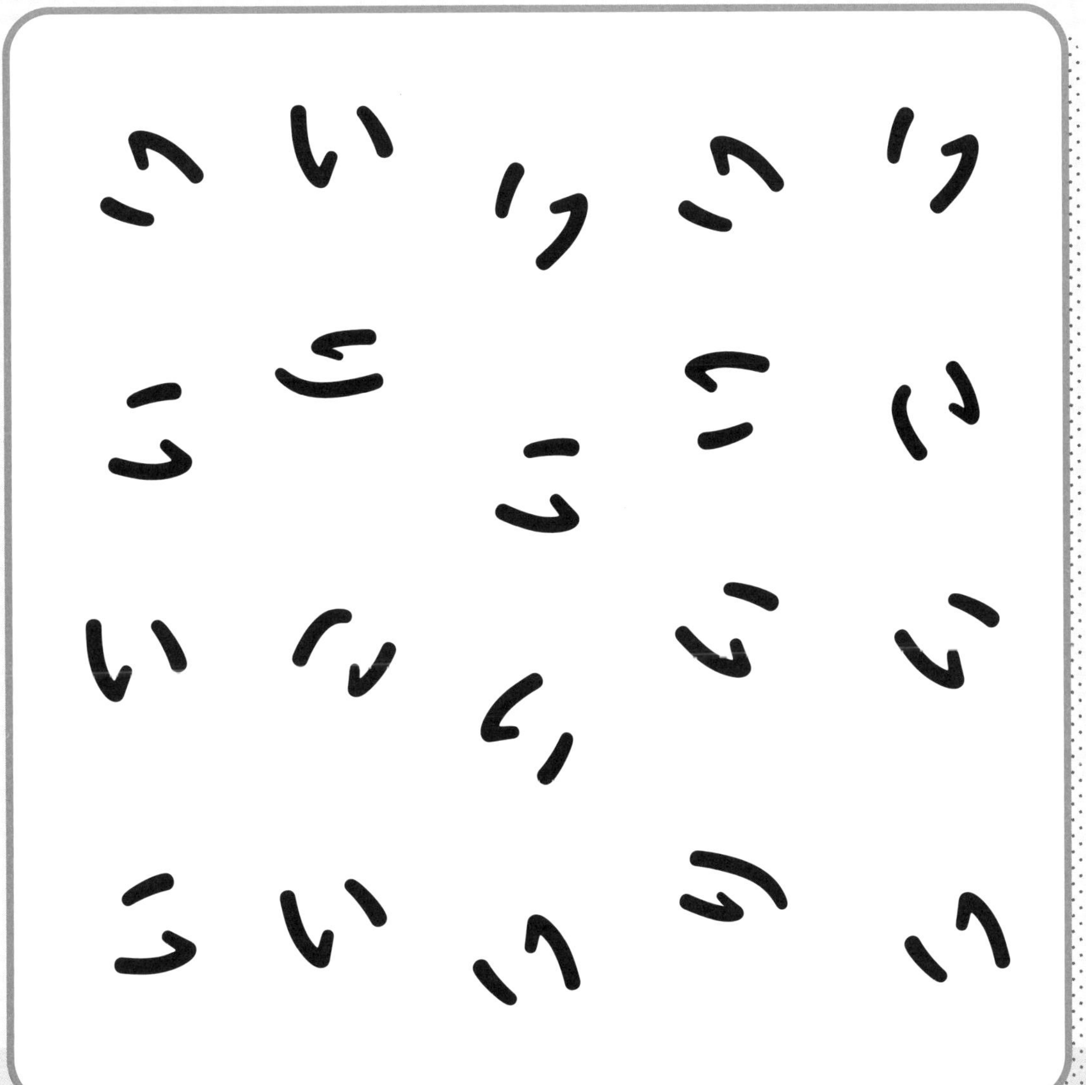

64

「ア」とは　べつの　もじを
さがそう　こえに　だして
よみながら　△を　つけてね

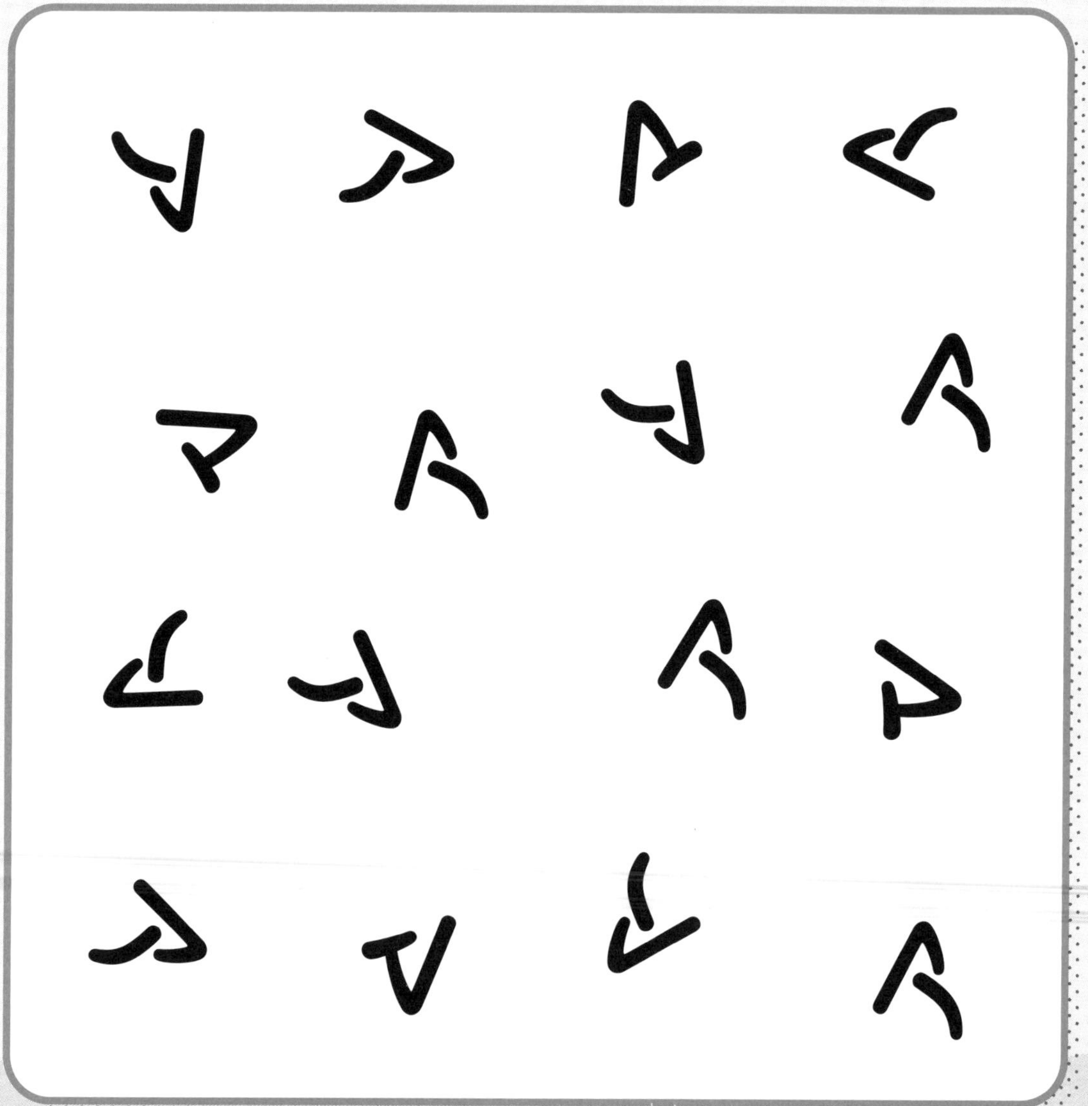

65

「ン」とは　べつの　もじを　さがそう　こえに　だして　よみながら　□を　つけてね

66 ぶんしょうを　こえに　だして　よみながら てんせんを　なぞろう！

「まほうつかいが
ぼくたちの
ことを
こわいめで

みていたんだ。」
パンたくんは
ビックリして
ききました。

12
左《さ》脳《のう》なぞり おんどく①

12 左《さ》脳《のう》なぞり おんどく①

「ねえ！
きいて よ
パンたくん！」

ねずみさんが
ふるえ ながら
いいました。

67 ぶんしょうを　こえに　だして　よみながら　てんせんを　なぞろう！

とっておいた　たべものは　みんな
まほうつかいに　とられて　しまった。
きのうは　ぼくたちの　いえの　まえで
なにかを　ぶつぶつ　となえて　いたよ。」
パンたくんは　くびを　かしげました。
「まほうつかいさんが　そんなことを
するなんて　どうしたの　かな？」

12 左脳《さのう》 なぞり おんどく②

「えっ!! まほうつかいさんが ?
なにか あったの?」
ねずみさんは、たすけを もとめるような
めで パンたくんを みながら いいます。
「このあいだは ねこママさんの おうちが
まほうつかいに おそわれたんだ。
ケガは なかったけど おうちに

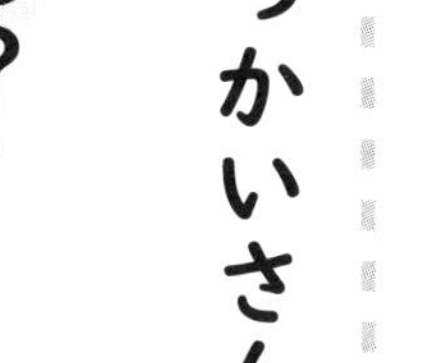

68 ぶんしょうを　こえに　だして　よみながら　てんせんを　なぞろう！

パンたくんは、

まほうつかいさんの

ところへ　あいに

いくことに　しました。

「まほうつかいさん

こんばんは。

すこし　はなし を

ききたいんだ。」

69 ぶんしょうを　こえに　だして　よみながら てんせんを　なぞろう！

「パンたくん、こんばんは。

どうしたんですか？」

まほうつかいは　そっぽを

むいたまま　いいました。

「ねこママさんの　ことを　きいたよ。

まほうつかいさん　どうしたの？」

パンたくんは　まっすぐに

めを　みて　しつもんしました。

「なん の　ことです か？

ぼく は　なにも　しりません」

まほうつかい は　そのまま　だまって

いえ の　なか へ　はいって　いきました。

「おかしい な　まるで　なにか の　のろい に

かかっている　みたい」

パンたくん は　まほうつかい の　のろい を

とくために　ことば と　すうじ の

しゅぎょう を　すること に　きめました。

70 うみの　いきものの　なまえが　5つ　かくれているよ　なまえを　○で　かこんでね

か	た	こ	う
く	ら	げ	み
じ	な	ん	が
ら	ぎ	さ	め

71

がっこうで　つかうものの
なまえが　５つ　かくれているよ
なまえを　○で　かこんでね

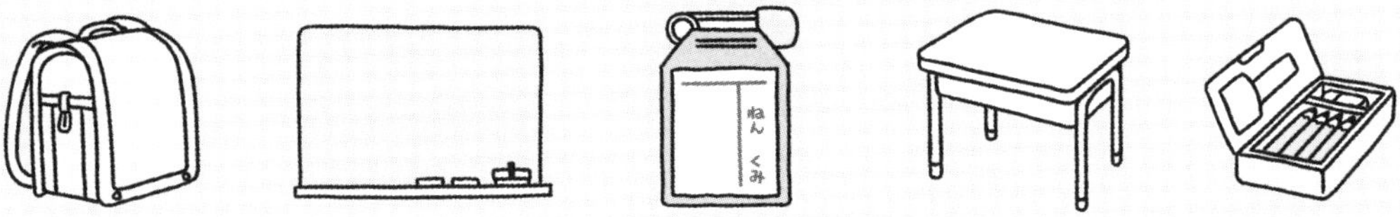

ら	た	す	こ	や
ん	な	つ	く	え
ど	ふ	で	ば	こ
せ	だ	い	ん	し
る	つ	ぼ	う	き

72

くだものの　なまえが
5つ　かくれているよ
なまえを　○で　かこんでね

さ	く	ら	ん	ぼ
う	す	も	き	り
い	い	み	か	ん
ば	か	い	ち	ご
も	め	ろ	む	な

13
左《さ》脳《のう》なまえ さがし③

73

どうぶつの　なまえが　かくれているよ
なまえを　○で　かこんでね
なんしゅるい　みつけられるかな？

（　　　）しゅるい

ご	と	さ	い	ぬ
り	す	る	の	ー
ら	っ	こ	し	ひ
わ	め	く	し	か
ぞ	う	ま	む	ば

74 はなの　なまえが　かくれているよ なまえを　○で　かこんでね なんしゅるい　みつけられるかな？

（　　　　　）しゅるい

す	ず	ら	ん	た	こ
と	ひ	や	し	ん	す
つ	つ	じ	ひ	ぽ	も
よ	ば	ら	ま	ぽ	す
み	き	け	わ	き	く
ち	ゅ	ー	り	っ	ぷ

75

のりものの　なまえが　かくれているよ
なまえを　○で　かこんでね
いくつ　みつけられるかな？

（　　　　）つ

ヘ	リ	コ	プ	タ	ー
パ	ト	カ	ー	ク	ジ
ア	ラ	ヌ	ユ	シ	テ
ヨ	ッ	ト	バ	ー	ン
エ	ク	サ	ス	プ	シ
ク	レ	ー	ン	シ	ャ

76 パンたくんは　すうじの　じゅもんの　しゅぎょうちゅう　おなじ　すうじを　せんで　つないで　たすけてあげよう！

77

おなじ　すうじを　せんで つないで　たすけてあげよう！

78

1から　じゅんに　すうじを せんで　つなごう！

79

3を　くろ　9を　ちゃいろ　5を
あかで　ぬりつぶそう　えが　でてくるよ！

なんの　え　だったかな　（　　　　　　　）

4	7	0	2	8	3	8	1	7
0	1	6	4	3	4	0	2	6
2	4	8	9	3	9	6	4	0
8	2	9	5	3	5	9	8	4
1	9	5	5	3	5	5	9	7
4	9	5	3	3	3	5	9	0
7	9	5	5	5	5	5	9	6
0	4	9	5	5	5	9	7	8
1	8	6	9	9	9	8	1	4
7	2	0	4	8	2	6	2	0

80

パンたくんが　まほうつかいに すうじビームを　だして のろいを　といて　いるよ。

2	9	5	3	7	2	0	4	7	0	5	3
5	0	4	0	5	9	3	5	2	9	7	4
3	7	2	3	2	4	0	9	7	5	3	2
9	0	5	9	0	7	3	4	2	0	4	0
4	3	4	2	4	9	5	7	9	7	3	1
0	2	7	5	7	1	1	1	1	1	1	8
9	5	1	1	1	3	9	8	8	8	8	8
2	1	1	3	8	8	8	8	8	9	2	3
					8	8	8	2	3	4	6
					8	8	3	4	6	6	6
					6	6	6	6	6	6	0
						6	6	6	4	3	9
						6	0	7	2	7	5
						2	5	9	5	9	0

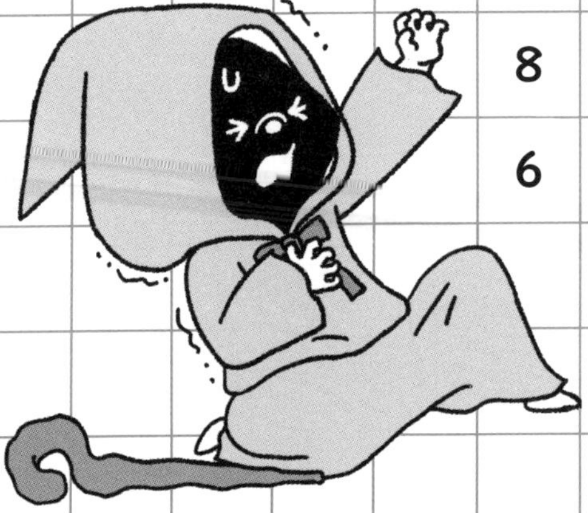

8を　きいろ
1を　きみどり
6を　オレンジで　ぬろう！

2	3	4	0	3	2	5	0				
0	5	9	5	4	7	3	1				
3	7	2	7	7	1	1	8				
9	7	1	1	1	8	8	6				
1	1	3	8	8	8	6	4				
8	8	8	6	6	6	9	3				
8	3	9	6	4	9	5	7	9	0	5	2
9	2	6	3	7	3	4	2	5	4	3	7
6	6	7	5	2	5	0	9	3	2	9	4
7	9	4	0	9	4	7	5	7	0	3	5
5	2	7	3	5	2	3	2	4	5	9	7
3	4	5	9	7	9	5	0	9	3	0	2
9	0	7	2	4	0	7	2	5	7	5	4
4	5	4	3	9	3	5	4	3	0	9	3

まほうつかいは　もとの　すがた、
きつねさんに　もどりました
ねずみさんも　パンたくんも　うれしそう

81 これまでの　パズルを　ふりかえって　5つの　しつもんに　こたえてね！

① パンたくんは　まほうつかいに
なにを　しましたか？

（　　　　　　　　　　　　　　　　　　　　）

② ひだりの　イラストで　ねずみさんが
よろこんで　いるのは　なぜ　ですか？

（　　　　　　　　　　　　　　　　　　　　）

③ ひだりの　イラストの　なかに　いない
パンたくんの　おんなの　この　ともだちは
だれですか？

（　　　　　　　　　　　　　　　　　　　　）

④ きつねさんは　これまで　なにに
すがたを　かえて　いましたか？

（　　　　　　　　　　　　　　　　　　　　）

⑤ こわいおもいを　していたのは
だれと　だれ　ですか？

（　　　　　　　　）と（　　　　　　　　）

こたえのページ

1 P12 − 13　かお さがし①

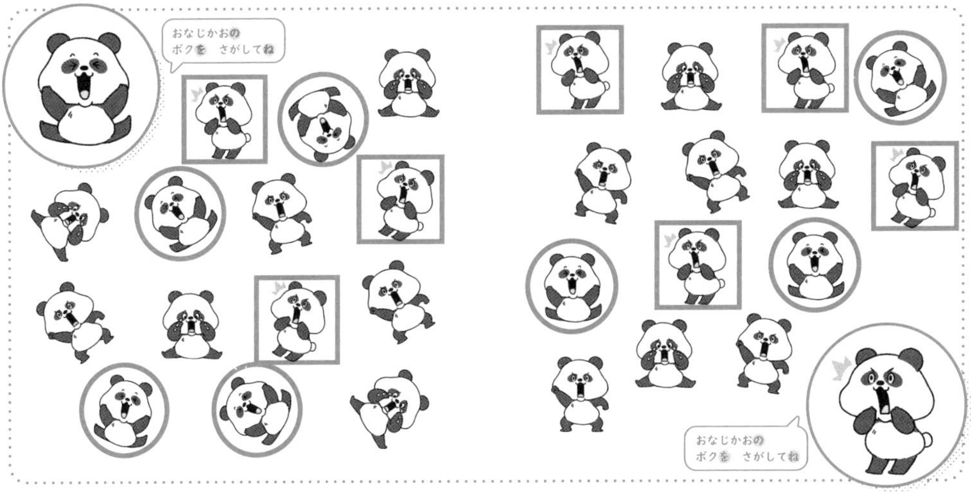
おなじかおの
ボクを　さがしてね
おなじかおの
ボクを　さがしてね

1 P14 − 15　かお さがし②

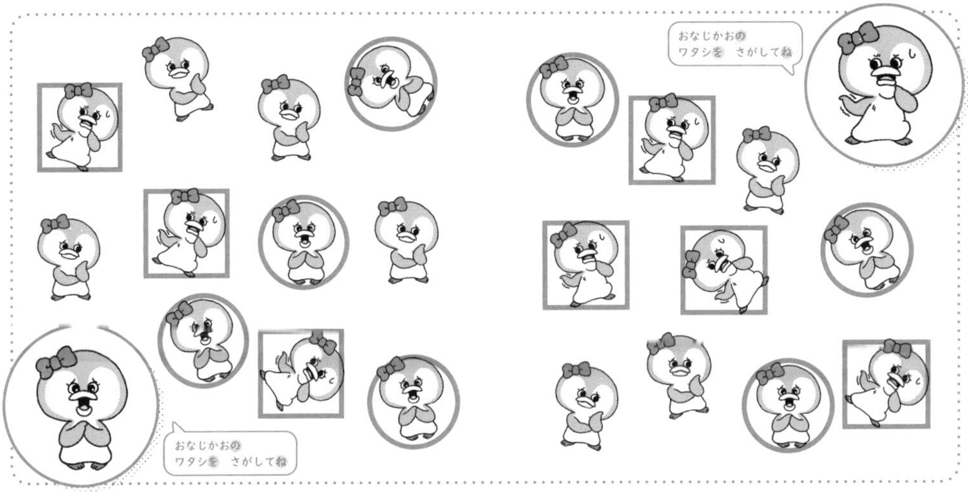
おなじかおの
ワタシを　さがしてね
おなじかおの
ワタシを　さがしてね

1 P16 かお さがし③

1 P17 かお さがし④

こたえのページ

② P18 － 19　まちがい さがし①

② P20　まちがい さがし②

② P21　まちがい さがし③

② P22　まちがい さがし④

③ P23 ひづけ よみ①

① 1がつ

にち	げつ	か	すい	もく	きん	ど
	1	2	3	4	5	6
⑦	8	9	10	11	12	13
⑭	15	16	17	18	19	20
㉑	22	23	24	25	26	27
㉘	29	30	31			

② （ 5 ）かい

③ （がんたん）

③ P24 ひづけ よみ②

① ② 2がつ

にち	げつ	か	すい	もく	きん	ど
				1	2	3
4	5	6	7	8	9	10
11	△12	13	14	15	16	17
18	19	20	21	22	△23	24
25	26	27	28	㉙		

③ （ 19 ）にち

3 P25　ひづけ よみ③

①

10がつ

にち	げつ	か	すい	もく	きん	ど
		1	2	3	4	5
6	7	8	9	10	11	12
13	14	15	16	17	18	19
20	21	22	23	24	25	26
27	28	29	30	31		

②（げつ）ようび

③（ 7 ）さい

3 P27　ひづけ よみ⑤

①②③④⑤

にち	げつ	か	すい	もく	きん	ど
		1	2	3	4	5
6	7	8	9	10	11	12
13	14	15	16	17	18	19
20	21	22	23	24	25	26
27	28	29	30	31		

3 P28　ひづけ よみ⑥

① ②　（ 12 ）がつ　　③（ すい ）ようび

にち	げつ	か	すい	もく	きん	ど
1	2	3	4	5	6	7
8	9	10	11	12	13	14
15	16	17	18	19	20	21
22	23	24	25	26	27	28
29	30	31				

4 P29-30　きおく トレ①

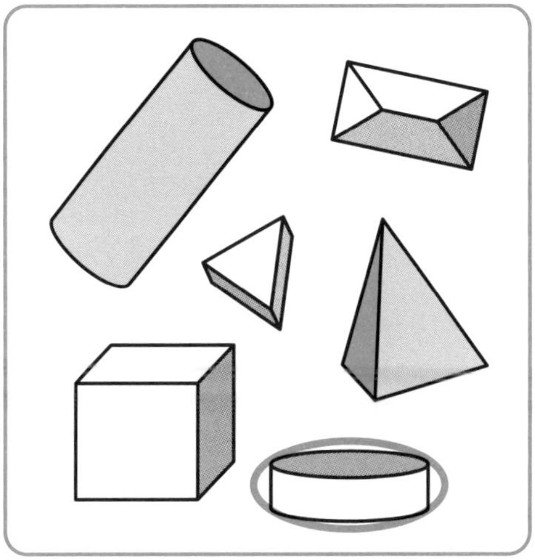

4 P31-32　きおく トレ②

4 P33-34　きおく トレ③

（　ひこうき　）

5 P35　ならべかえ①

こたえのページ

⑤ P36　ならべかえ②

⑤ P37　ならべかえ③

5 P38　ならべかえ④

5 P39　ならべかえ⑤

7 P46　めせん つなぎ①

7 P47　めせん つなぎ②

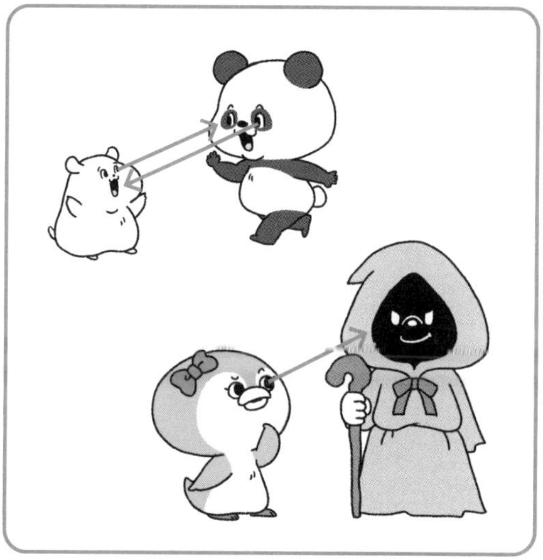

7 P48　めせん つなぎ③

7 P49　めせん つなぎ④

7 P50　めせん つなぎ⑤

7 P51　めせん つなぎ⑥

※マルの　はんいであれば、
どれも　せいかいです

9 P60 もじ つなぎ①

9 P61 もじ つなぎ②

9 P62 もじ つなぎ③

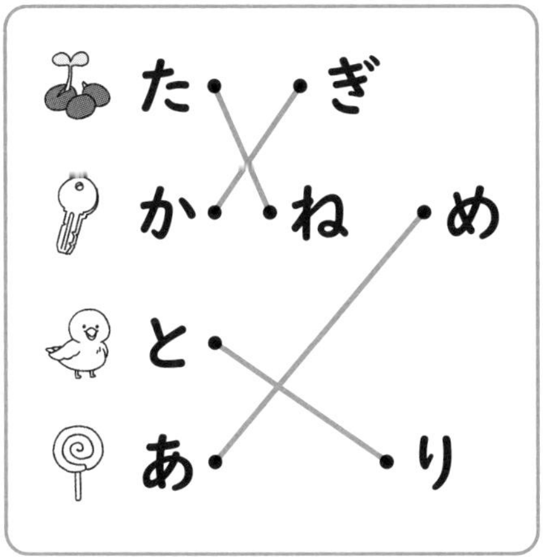

9 P63 もじ つなぎ④

こたえのページ

9 P64　もじ つなぎ⑤

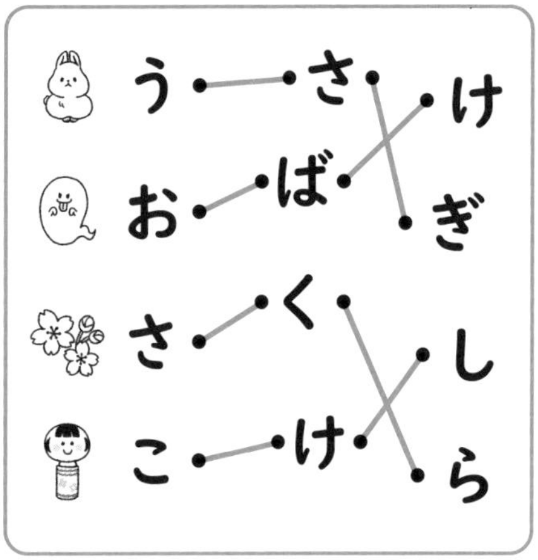

9 P65　もじ つなぎ⑥

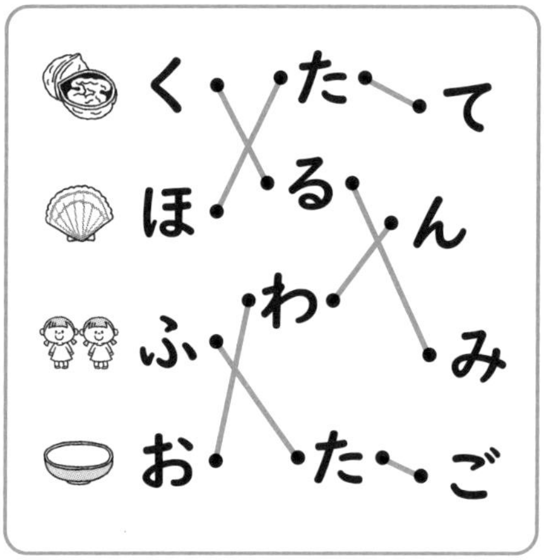

9 P66　もじ つなぎ⑦

9 P67　もじ つなぎ⑧

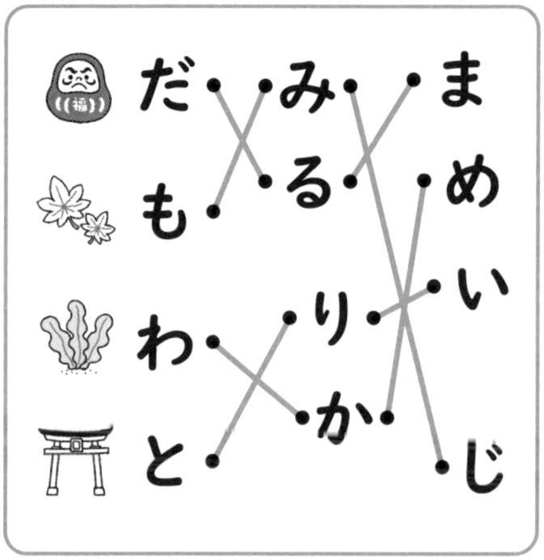

⑩ P68　とけい トレ①

⑩ P69　とけい トレ②

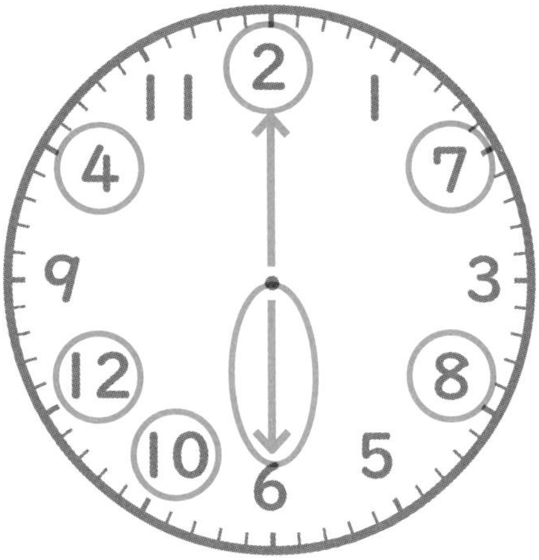

⑩ P70　とけい トレ③

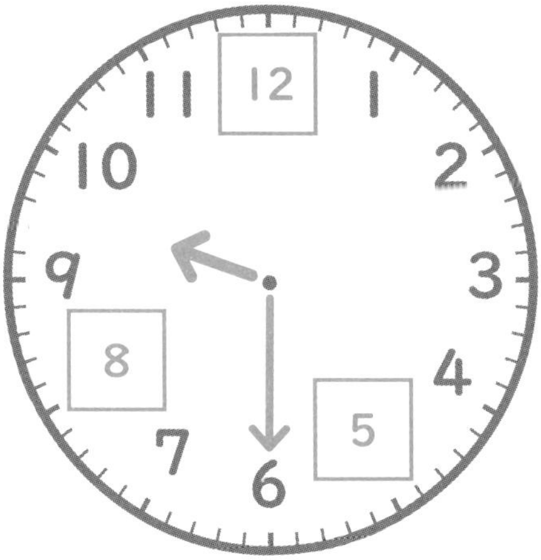

⑩ P71　とけい トレ④

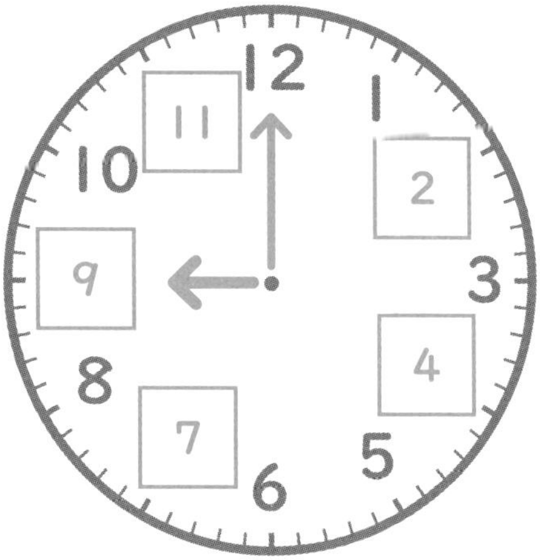

こたえのページ

⑩ P72　とけい トレ⑤

7じ

12じはん

2じ 20ぷん

12じ

⑩ P73　とけい トレ⑥

6じ

3じ 10ぷん

8じ 40ぷん

6じはん

⑩ P74　とけい トレ⑦

（10）じ（25）ふん　（ 4 ）じ（50）ふん

（　11　）じ　（ 6 ）じ（45）ふん

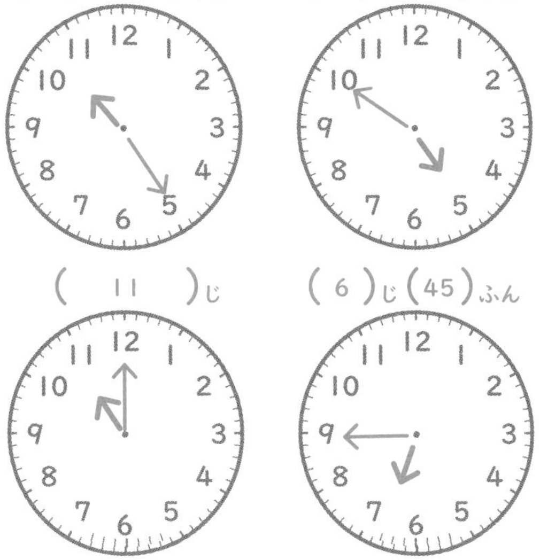

⑪ P76　もじ さがし①

⑪ P77　もじ さがし②

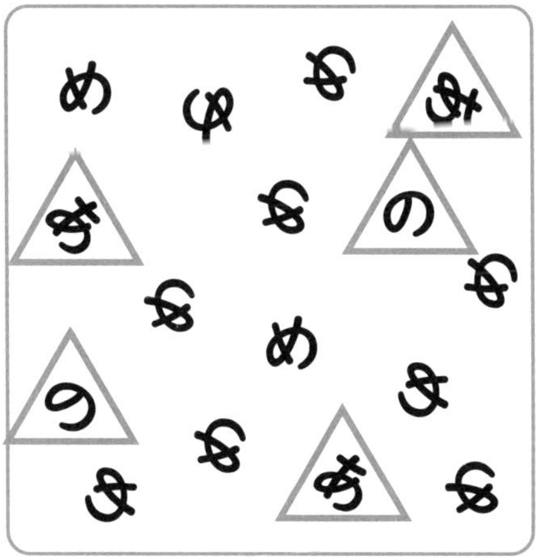

こたえのページ

11 P78　もじ さがし③

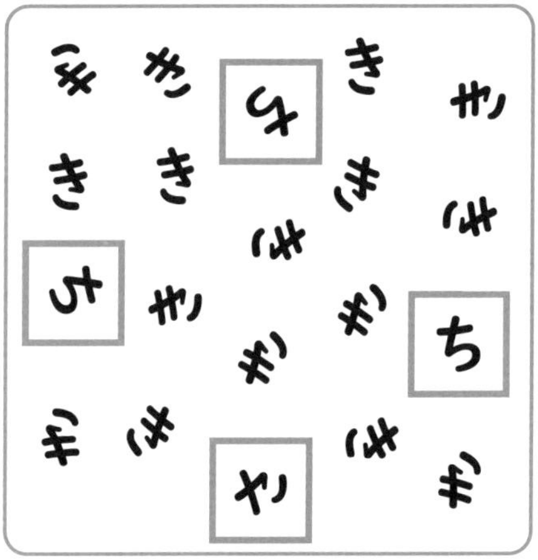

11 P79　もじ さがし④

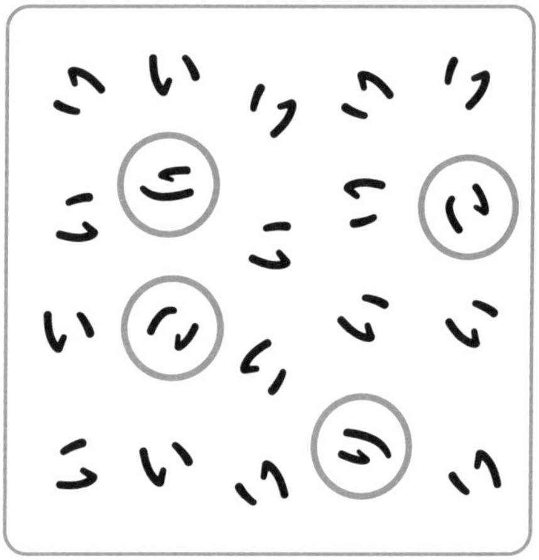

11 P80　もじ さがし⑤

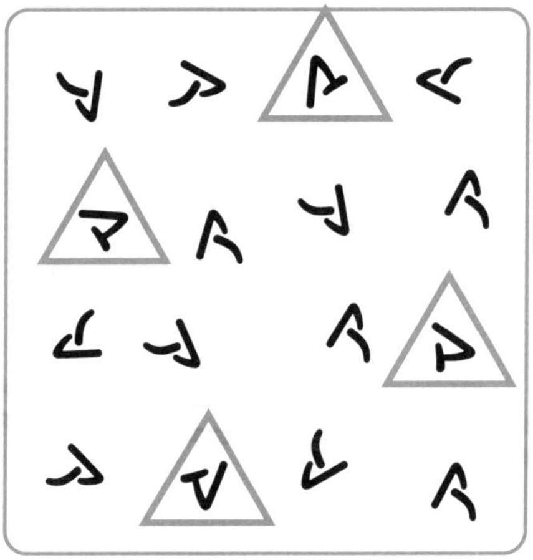

11 P81　もじ つなぎ⑥

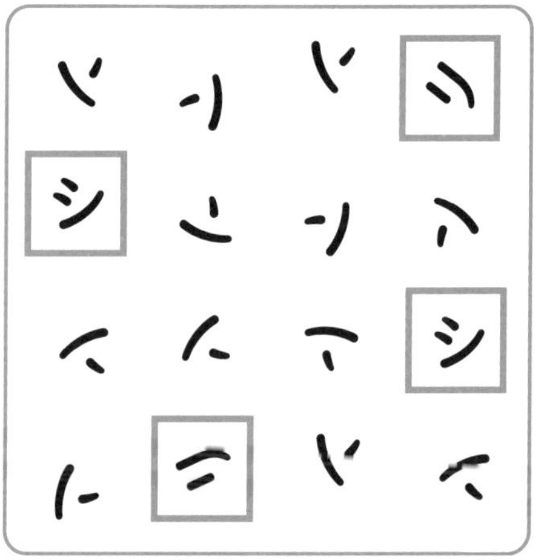

⑬ P90　なまえ さがし①

か	た	こ	う
く	ら	げ	み
じ	な	ん	が
ら	ぎ	さ	め

⑬ P91　なまえ さがし②

ら	た	す	こ	や
ん	な	つ	く	え
ど	ふ	で	ば	こ
せ	だ	い	ん	し
る	つ	ぼ	う	き

こたえのページ

⑬ P92　なまえ さがし③

さ	く	ら	ん	ぼ
う	す	も	き	り
い	い	み	か	ん
ば	か	い	ち	ご
も	め	ろ	む	な

⑬ P93　なまえ さがし④

ご	と	さ	い	ぬ
り	す	る	の	ー
ら	っ	こ	し	ひ
わ	め	く	し	か
ぞ	う	ま	む	ば

（　13　）しゅるい

13 P94 なまえ さがし⑤

す	ず	ら	ん	た	こ
と	ひ	や	し	ん	す
つ	つ	じ	ひ	ぽ	も
よ	ば	ら	ま	ぽ	す
み	き	け	わ	き	く
ち	ゅ	ー	り	っ	ぷ

（ 10 ）しゅるい

13 P95 なまえ さがし⑥

ヘ	リ	コ	プ	タ	ー
パ	ト	カ	ー	ク	ジ
ア	ラ	ヌ	ユ	シ	テ
ヨ	ッ	ト	バ	ー	ン
エ	ク	サ	ス	プ	シ
ク	レ	ー	ン	シ	ャ

（ 8 ）だい

こたえのページ

⑭ P96　すうじ つなぎ①

⑭ P97　すうじ つなぎ②

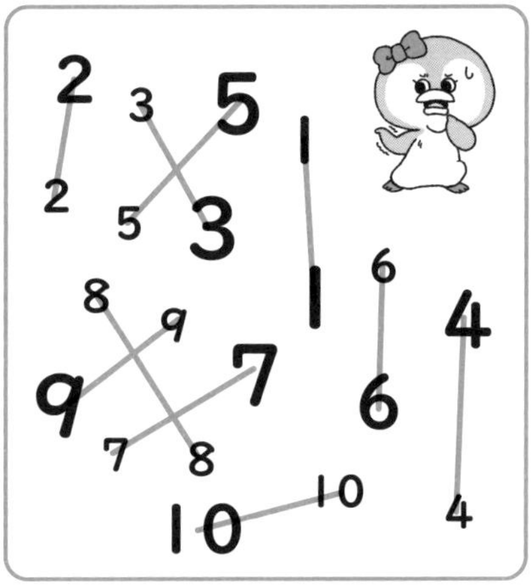

⑭ P98　すうじ つなぎ③

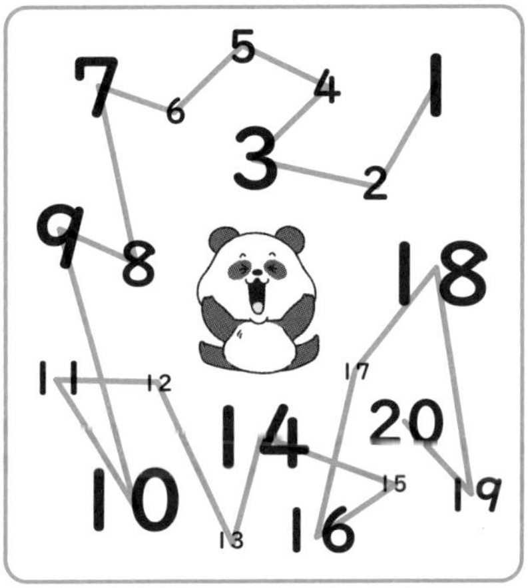

⑭ P99　すうじ つなぎ④

4	7	0	2	8		8	1	7
0	1	6	4		4	0	2	6
2	4	8	9		9	6	4	0
8	2	9	5		5	9	8	4
1	9	5	5		5	5	9	7
4	9	5				5	9	0
7	9	5	5	5	5	5	9	6
0	4	9	5	5	5	9	7	8
1	8	6	9	9	9	8	1	4
7	2	0	4	8	2	6	2	0

（　りんご　）

⑭ P100-101　すうじ つなぎ⑤

2	9	5	3	7	2	0	4	7	0	5	3
5	0	4	0	5	9	3	5	2	9	7	4
3	7	2	3	2	4	0	9	7	5	3	2
9	0	5	9	0	7	3	4	2	0	4	0
4	3	4	2	4	9	5	7	9	7	3	1
0	2	7	5	7	1	1	1	1	1	1	8
9	5	1	1	1	3	9	8	8	8	8	8
2	1	1	3	8	8	8	8	8	9	2	3
					8	8	8	2	3	4	6
					8	8	3	4	6	6	6
					6	6	6	6	6	6	0
						6	6	6	4	3	9
						6	0	7	2	7	5
						2	5	9	5	9	0

2	3	4	0	3	2	5	0				
0	5	9	5	4	7	3	1				
3	7	2	7	7	1	1	8				
9	7	1	1	1	8	8	6				
1	1	3	8	8	8	6	4				
8	8	8	6	6	6	9	3				
8	3	9	6	4	9	5	7	9	0	5	2
9	2	6	3	7	3	4	2	5	4	3	7
6	6	7	5	2	5	0	9	3	2	9	4
7	9	4	0	9	4	7	5	7	0	3	5
5	2	7	3	5	2	3	2	4	5	9	7
3	4	5	9	7	9	5	0	9	3	0	2
9	0	7	2	4	0	7	2	5	7	5	4
4	5	4	3	9	3	5	4	3	0	9	3

⑭ P102-103　ふりかえり①

① （れい：すうじ　ビームを　だした
こらしめた　など）

② （れい：まほうつかいが　きつねさんに　もどったから
もう　こわいおもいを　しなくて　すむから　など）

③ （ペンヌちゃん）

④ （まほうつかい）

⑤ （ねずみ）と（ねこ／ねこママ）

加藤俊徳（かとう・としのり）

脳内科医、小児科専門医、医学博士。
加藤プラチナクリニック院長。株式会社「脳の学校」代表。
昭和大学客員教授。脳科学・MRI 脳画像診断の専門家。脳番地トレーニング、助詞強調音読法の提唱者。
14 歳のときに「脳を鍛える方法」を知るために医学部への進学を決意。1991 年に、現在世界 700 カ所以上の施設で使われる脳活動計測「fNIRS（エフニルス）」法を発見。1995 年から 2001 年まで米ミネソタ大学放射線科でアルツハイマー病や MRI 脳画像研究に従事。ADHD、コミュニケーション障害など発達障害と関係する「海馬回旋遅滞症」を発見。独自開発した加藤式脳画像診断法を用いて、発達が気になる子どもを含め小児から超高齢者まで 1 万人以上を診断・治療。現在加藤プラチナクリニックの ADHD 専門外来では、脳の成長段階、強み弱みの脳番地を診断し、学習指導、教育相談や薬だけに頼らない治療を行う。
『頭がよくなる！はじめての寝るまえ 1 分おんどく』（西東社）、『1 万人の脳を見た名医が教える すごい左利き』（ダイヤモンド社）、『子どもの脳がみるみる育つ新習慣』（KADOKAWA）、『ADHD コンプレックスのための“脳番地トレーニング”』（大和出版）、『1 万人の脳画像を見てきた脳内科医が教える 発達凸凹子どもの見ている世界』（Gakken）など著書・監修書多数。

加藤式 MRI 脳画像診断をご希望の方は、以下のサイトをご覧ください。
加藤プラチナクリニック公式サイト　https://nobanchi.com

※「脳番地」（登録第 5056139 号／登録第 5264859 号）、
「強調音読」（登録第 6695465 号）は、脳の学校の登録商標です。

発達が気になる子の
“困った”を減らし“得意”を伸ばす
脳育パズル

2023年10月20日　　初版発行

著　者　加藤俊徳
発行者　太田　宏
発行所　フォレスト出版株式会社
〒162-0824 東京都新宿区揚場町2-18　白宝ビル7F
電話　03-5229-5750（営業）
03-5229-5757（編集）
URL　http://www.forestpub.co.jp

印刷・製本　中央精版印刷株式会社

ISBN978-4-86680-242-8　Printed in Japan

カバーデザイン：OKIKATA（山之口正和）
本文デザイン・DTP・図表制作：小林祐司
イラスト制作協力：島田あや
イラスト：メイボランチ
企画・編集：時奈津子